POUR REUSSIR

# LA PATISSERIE

GRÜND

# TABLE

# INTRODUCTION

Rien de plus appétissant que l'odeur du pain et de la pâtisserie sortant du four ! La pâtisserie maison n'est pas très difficile, et si parfois elle demande un peu de temps, vous l'oublierez vite quand vous savourerez ce que vous aurez préparé... Il suffit de s'organiser.

Vous n'aurez souvent, pas besoin d'un grand nombre d'ustensiles : une série de moules (des ronds, deux carrés et des moules à cake) vous permettront de préparer les recettes de ce livre. Un moule à manqué est très pratique, car il permet de saupoudrer le sucre glace sur les gâteaux.

La pâtisserie est un domaine qui requiert une certaine habileté ; avec un peu de pratique et d'attention, vous obtiendrez vite de bons résultats.

NOTES

Toutes les cuillères sont rases.

Si vous n'avez pas de levure de boulanger, utilisez de la levure en poudre, mais divisez les quantités par deux.

Le four doit toujours être préchauffé.

**Texte anglais de Carole Handslip**
**Adaptation française de Christine Colinet**

Première édition 1980 by Octopus Books Limited
59 Grosvenor Street, London W1

ISBN 2-7 000-6 102-0
Dépôt légal : 2e trimestre 1981
Produced by Mandarin Publishers Limited
22 a Westlands Road, Quarry Bay, Hong Kong
Photocomposition : APS, Tours
Printed in Hong Kong

# Gâteau glacé au chocolat

*200 g de farine*
*1/2 cuillère à café de bicabornate de soude*
*1/2 cuillère à café de levure en poudre*
*2 cuillères à soupe de cacao en poudre*
*150 g de sucre*
*2 cuillères à soupe de mélasse*
*2 œufs*
*15 cl d'huile*
*15 cl de lait*
GLAÇAGE :
*175 g de chocolat noir*
*2 cuillères à soupe de crème fraîche*
POUR DÉCORER :
*Cerneaux de noix*
*Sucre glace*

Tamisez les ingrédients en poudre dans une jatte et faites un puits au centre. Versez l'huile, le lait, les œufs, la mélasse et battez pour obtenir un mélange homogène. Versez la pâte dans un moule beurré de 23 cm de diamètre et faites cuire 45 à 50 minutes dans un four préchauffé à 160°. Laissez quelques minutes dans le moule, puis démoulez sur une grille et laissez refroidir.

Mettez le chocolat et la crème dans une petite casserole et faites-les chauffer doucement jusqu'à ce qu'ils soient mélangés et fondus. Laissez refroidir légèrement, puis nappez-en le gâteau. Saupoudrez les cerneaux de noix de sucre glace et disposez-les sur le gâteau.

**Gâteau de 23 cm de diamètre**

# Gâteau au gingembre

*175 g de beurre ou de margarine*
*175 g de sucre*
*3 œufs*
*250 g de farine*
*1 paquet de levure*
*1/2 cuillère à café de gingembre en poudre*
*75 g de gingembre confit coupé fin*
*2 cuillères à soupe de sirop de gigembre*
GLAÇAGE :
*175 g de sucre glace*
*2 cuillères à soupe de sirop de gingembre*
POUR DÉCORER :
*Morceaux de gingembre confits*

Travaillez le sucre et le beurre jusqu'à ce qu'ils soient crémeux. Ajoutez les œufs un à un et une cuillère à soupe de farine avec les deux derniers. Mélangez la farine, le gingembre en poudre et la levure, puis ajoutez-les au mélange. Coupez fin le gingembre confit et incorporez-le au mélange, avec le sirop de gingembre. Versez dans un moule beurré de 18 cm de diamètre. Faites cuire 1 à 1 h 15 dans un four préchauffé à 180°. Démoulez sur une grille et laissez refroidir.

Battez le sucre glace et le sirop de gingembre pour obtenir un mélange homogène. Nappez-en le gâteau et laissez prendre. Décorez avec des morceaux de gingembre confit.

**Gâteau de 18 cm de diamètre**

# Gâteau Victoria

*125 g de beurre ou de margarine*
*125 g de sucre en poudre*
*2 œufs*
*125 g de farine*
*1 paquet de levure*
*1 cuillère à soupe d'eau chaude*
POUR FOURRER :
*3 cuillères à soupe de confiture*
*Sucre en poudre*

Beurrez deux moules ronds de 18 cm. Travaillez le beurre et le sucre jusqu'à ce qu'ils soient clairs et légers. Battez-y les œufs un à un, en ajoutant une cuillère à soupe de farine après le deuxième. Mélangez la levure et la farine, puis ajoutez-les au mélange ainsi que l'eau.

Répartissez la pâte dans les deux moules ; faites cuire 20 à 25 minutes dans un four préchauffé à 180° : les gâteaux doivent être dorés. Démoulez sur une grille. Étalez la confiture sur l'un des gâteaux, et posez l'autre dessus. Saupoudrez de sucre.

**Gâteau de 18 cm de diamètre**

# Gâteau de Savoie mousseline

*25 g de farine*
*25 g de maïzena*
*150 g de sucre en poudre*
*5 gros blancs d'œufs*
*1 cuillère à café de vanille liquide*
*Sucre glace pour décorer*

Tamisez la farine, la maïzena et 25 g de sucre en poudre 3 ou 4 fois. Battez les blancs d'œufs en neige, puis incorporez le reste du sucre cuillère par cuillère et fouettez jusqu'à ce que les blancs soient très fermes.

Incorporez-les délicatement au mélange tamisé, ainsi que la vanille, puis versez le tout dans un moule à kouglof de 20 cm. Lissez la surface et faites cuire 35 à 40 minutes dans un four préchauffé à 180°. Renversez le moule sur une grille et laissez refroidir ainsi jusqu'à ce qu'il se détache. Saupoudrez de sucre glace.

**Gâteau de 20 cm de diamètre**

# Gâteau pommes et cannelle

*300 g de farine*
*1 paquet de levure*
*1 1/2 cuillère à café de cannelle en poudre*
*1/4 cuillère à café de sel*
*250 g de sucre*
*50 g de raisins de Malaga*
*125 g de beurre fondu*
*2 gros œufs battus*
*20 cl de lait*
*250 g de pommes pelées et coupées fin*
*Sucre glace pour décorer*

Tamisez la farine, la levure, la cannelle et le sel dans une jatte, puis ajoutez le sucre et les raisins. Incorporez peu à peu le beurre, les œufs, le lait et les pommes et battez jusqu'à ce que vous obteniez un mélange homogène.

Versez dans un moule beurré carré de 20 cm de côté et faites cuire 1 heure à 1 h 15 dans un four préchauffé à 180° ; le gâteau doit être souple quand vous le pressez légèrement.

Démoulez sur une grille et laissez refroidir. Saupoudrez de sucre glace pour servir.

**Gâteau de 20 cm de côté**

# Gâteau à la banane

*125 g de beurre ou de margarine*
*125 g de sucre en poudre*
*2 œufs*
*125 g de farine*
*1 paquet de levure*
*2 bananes écrasées*
POUR FOURRER :
*50 g d'amandes en poudre*
*50 g de sucre glace*
*1 petite banane écrasée*
*1/2 cuillère à café de jus de citron*
*Sucre glace*

Travaillez le beurre et le sucre en un mélange clair et mousseux. Ajoutez les œufs un à un, avec une cuillère à soupe de farine après le deuxième. Mélangez la levure et la farine et ajoutez-les, ainsi que les bananes, au mélange. Répartissez dans deux moules ronds de 18 cm, beurrés ; faites cuire 20 à 25 minutes dans un four préchauffé à 180°. Démoulez sur une grille.

Mélangez les amandes, le sucre glace, la banane et le jus de citron pour obtenir une pâte homogène. Étalez-la sur l'un des gâteaux et posez l'autre dessus. Saupoudrez de sucre glace.

**Gâteau de 18 cm de diamètre**

# Génoise fourrée

*50 g de beurre ramolli*
*4 œufs*
*125 g de sucre en poudre*
*125 g de farine*
POUR FOURRER :
*15 cl de crème fraîche*
*2 cuillères à soupe de confiture de citron*
*Sucre glace*

Mettez les œufs et le sucre dans une jatte et fouettez jusqu'à ce qu'ils soient épais. Si vous n'utilisez pas de batteur, faites de même au bain-marie, puis ôtez du feu et continuez à battre jusqu'à ce que cela soit complètement refroidi.

Incorporez peu à peu la farine, puis le beurre en une seule fois. Versez dans un moule beurré rond de 23 cm. Faites cuire 30 à 35 minutes dans un four préchauffé à 190°. Laissez dans le moule 1 minute, puis démoulez sur une grille et laissez refroidir.

Fouettez la crème jusqu'à ce qu'elle soit ferme. Coupez le gâteau en deux dans l'épaisseur et étalez la confiture, puis la crème entre les deux morceaux. Saupoudrez de sucre glace.

**Gâteau de 23 cm de diamètre**

# Gâteau à la crème

*3 œufs*
*140 g de sucre en poudre*
*75 g de farine*
POUR FOURRER :
*15 cl de crème fraîche fouettée*
*2 cuillères à soupe de confiture de fraises*
*Sucre glace*

Beurrez et farinez un moule de 23 cm de diamètre. Fouettez les œufs et le sucre dans une jatte au batteur jusqu'à ce qu'ils soient épais. Si vous n'utilisez pas de batteur, mettez la jatte au bain-marie. Incorporez peu à peu la farine, puis versez la pâte dans le moule et faites cuire 35 à 40 minutes dans un four préchauffé à 190°.

Démoulez sur une grille et laissez refroidir. Coupez le gâteau en deux dans l'épaisseur ; étalez sur une partie la confiture que vous recouvrirez de crème, puis posez dessus l'autre partie. Saupoudrez de sucre glace.

**Gâteau de 23 cm de diamètre**

# Roulé à la confiture

*3 œufs*
*125 g de sucre en poudre*
*75 g de farine*
*1 cuillère à soupe d'eau chaude*
*3 cuillères à soupe de confiture chaude*
*Sucre en poudre pour décorer*

Beurrez un moule à roulé de 18 × 28 cm. Fouettez les œufs et le sucre au batteur jusqu'à ce qu'ils soient bien épais. Mettez la jatte au bain-marie si vous n'utilisez pas de batteur électrique. Incorporez la farine et l'eau, puis versez la pâte dans le moule.

Faites cuire 8 à 10 minutes dans un four préchauffé à 200°.

Démoulez sur du papier paraffiné saupoudré de sucre. Étalez la confiture et roulez le gâteau sur lui-même rapidement. Maintenez-le ainsi quelques minutes, puis laissez-le refroidir sur une grille. Posez-le sur un plat et saupoudrez-le de sucre.

**Pour un roulé**

# Gâteau aux cerises

*175 g de beurre ou de margarine*
*175 g de sucre en poudre*
*3 œufs*
*300 g de farine*
*1 paquet de levure*
*250 g de cerises confites coupées en deux*
*50 g d'amandes en poudre*
*5 cuillères à soupe de lait (environ)*

Beurrez un moule rond à bords hauts, de 18 cm de diamètre. Travaillez le beurre et le sucre jusqu'à ce qu'ils soient crémeux et légers. Battez les œufs un à un, en ajoutant une cuillère à soupe de farine après les deux derniers. Incorporez peu à peu la farine, puis les cerises, les amandes et le lait en qualité suffisante pour obtenir une pâte homogène.

Versez dans le moule et faites cuire 1 h 30 à 2 heures dans un four préchauffé à 160°. Laissez 5 minutes dans le moule, puis démoulez sur une grille et laissez refroidir.

**Gâteau de 18 cm de diamètre.**

# Gâteau Madeira

*250 g de farine*
*1/2 cuillère à café de levure*
*175 g de beurre ou de margarine*
*175 g de sucre en poudre*
*Le zeste râpé de 1 citron*
*3 œufs*
*2 cuillères à soupe de lait*
*2 à 3 écorces de citron confits*

Beurrez un moule de 18 cm de diamètre. Tamisez la farine et la levure. Travaillez le beurre, le sucre et le zeste de citron jusqu'à ce qu'ils soient clairs et légers. Battez-y les œufs un à un, en ajoutant une cuillère à soupe de farine après les deux derniers. Ajoutez peu à peu le reste de farine, puis le lait.

Versez la pâte dans le moule et faites cuire 1 heure dans un four préchauffé à 180°. Disposez les écorces sur le gâteau et remettez 30 minutes au four. Laissez 5 minutes dans le moule, puis démoulez sur une grille et laissez refroidir.

# Gâteau marmelade

*250 g de farine*
*1 paquet de levure*
*1 pincée de quatre-épices*
*175 g de beurre ou de margarine*
*175 g de sucre*
*Zeste râpé et jus de 1 orange*
*3 œufs*
*2 cuillères à soupe de marmelade d'oranges*
*75 g de fruits secs mélangés*
*2 cuillères à soupe de lait*
GLAÇAGE :
*175 g de sucre glace*
*Zeste râpé et jus de 1/2 orange*
*Zeste de 1/2 orange en fines lanières*

Beurrez un moule de 18 cm de diamètre. Mélangez la farine, la levure, et le quatre-épices. Travaillez le beurre, le sucre et le zeste d'orange jusqu'à ce qu'ils soient clairs et mousseux. Battez-y les œufs un à un, en ajoutant une cuillère à soupe de farine après les deux derniers. Ajoutez la marmelade, incorporez la farine, les fruits secs, le jus d'orange et le lait. Versez dans le moule et faites cuire 1 h 15 à 1 h 30 dans un four préchauffé à 180°. Laissez dans le moule quelques minutes, démoulez et laissez refroidir.

Mettez le sucre glace, le zeste et le jus de 1/2 orange dans une jatte et fouettez jusqu'à ce que cela soit homogène. Nappez le gâteau et laissez prendre. Passez quelques secondes les zestes d'orange à l'eau bouillante, égouttez-les bien et décorez.

**Gâteau de 18 cm de diamètre**

# Dundee Cake

*175 g de farine*
*1 pincée de quatre-épices*
*125 g de beurre ou de margarine*
*125 g de sucre roux*
*Zeste râpé de 1/2 orange ou citron*
*3 œufs*
*125 g de raisins de Smyrne*
*125 g de raisins de Corynthe*
*125 g de raisins de Malaga*
*50 g de cerises confites coupées en quatre*
*25 g d'écorces de fruits confits*
*40 g d'amandes émondées*

Beurrez un moule à bords hauts de 15 cm de diamètre et disposez du papier paraffiné sur le fond et les côtés en le laissant dépasser du moule. Tamisez la farine et le quatre-épices. Travailler le beurre, le sucre et le zeste jusqu'à ce qu'ils soient clairs et légers. Battez-y les œufs un à un, en ajoutant une cuillère à soupe de farine après les deux derniers. Ajoutez le reste de farine et les fruits ; mélangez bien. Versez dans le moule, lissez la surface et décorez avec les amandes. Faites cuire 1 heure dans un four préchauffé à 160°, puis encore 2 à 2 h 30 à 150° ; une lame de couteau piquée au centre doit en ressortir nette.

Laissez 5 minutes dans le moule, puis démoulez et laissez refroidir.

**Gâteau de 15 cm de diamètre**

# Gâteau campagnard

*250 g de farine*
*1 paquet de levure*
*1 pincée de quatre-épices*
*150 g de beurre ou de margarine*
*150 g de sucre*
*2 œufs*
*125 g de dattes coupées fin*
*125 g de raisins de Smyrne*
*125 g de raisins de Corinthe*
*25 g d'écorces de fruits confits, coupées fin*
*4 cuillères à soupe de lait*

Préparez un moule de 18 cm de diamètre comme dans la recette précédente. Tamisez la farine, la levure et le quatre-épices. Travaillez le beurre et le sucre jusqu'à ce qu'ils soient clairs et légers. Battez-y les œufs un à un, en ajoutant une cuillère à soupe de farine après le deuxième. Incorporez le reste de farine, les fruits et le lait. Mélangez bien.

Versez dans le moule et faites cuire 2 à 2 h 30 dans un four préchauffé à 160° ; une lame de couteau piquée au centre doit en ressortir sèche. Laissez 5 minutes dans le moule, puis démoulez et laissez refroidir.

**Gâteau de 18 cm de diamètre**

# Gâteau au sirop d'érable

*150 g de beurre ou de margarine*
*175 g de sirop d'érable*
*17 cl de lait*
*250 g de raisins de Corinthe*
*125 g de raisins de Smyrne*
*125 g de dattes coupées fin*
*125 g de raisins de Malaga*
*50 g d'écorces confites coupées fin*
*250 g de farine*
*1 cuillère à café de quatre-épices*
*1/2 cuillère à café de bicarbonate de soude*
*2 œufs battus*

Beurrez un moule rond à bords hauts de 18 cm de diamètre et posez au fond et sur les côtés du papier paraffiné en double épaisseur. Fixez à l'aide d'une ficelle une bande papier plus haute que les bords à l'extérieur du moule.

Mettez le beurre, le sirop, le lait et les fruits dans une casserole et faites chauffer doucement jusqu'à ce que le beurre soit fondu. Laissez mijoter doucement 5 minutes, en tournant de temps en temps, puis ôtez du feu et laissez refroidir. Tamisez la farine, le quatre-épices et le bicarbonate, ajoutez le mélange refroidi et les œufs ; battez bien. Versez dans le moule et faites cuire 2 h 15 dans un four préchauffé à 150° ; une lame de couteau piquée au milieu doit en ressortir sèche. Laissez 5 minutes dans le moule, puis démoulez et laissez refroidir.

**Gâteau de 18 cm de diamètre**

# Gâteau au cacao

*50 g de cacao*
*200 g d'eau bouillante*
*175 g de farine*
*1/4 cuillère à café de levure en poudre*
*1/2 cuillère à café de bicarbonate de soude*
*125 g de beurre ou de margarine*
*300 g de sucre en poudre*
*2 œufs battus*
CRÈME :
*1 cuillère à soupe de cacao*
*1 cuillère à soupe d'eau chaude*
*50 g de beurre ou de margarine*
*125 g de sucre glace*
GLAÇAGE :
*50 g de beurre ou de margarine*
*2 cuillères à soupe de lait*
*2 cuillères à soupe de cacao*
*250 g de sucre glace*
POUR DÉCORER :
*8 cerneaux de noix*

Beurrez deux moules ronds de 20 cm de diamètre. Mélangez le cacao avec la moitié de l'eau, puis incorporez le reste d'eau et laissez refroidir. Tamisez la farine, la levure et le bicarbonate dans une jatte.

Travaillez le beurre, le sucre et 3 cuillères à soupe du cacao délayé, jusqu'à ce que le tout soit crémeux. Peu à peu battez les œufs dedans. Ajoutez en alternance la farine et le cacao.

Répartissez la pâte entre les deux moules et faites cuire 45 à 50 minutes dans un four préchauffé à 180° ; les gâteaux doivent être fermes au toucher. Laissez-les dans les moules 5 minutes, puis démoulez-les et laissez-les refroidir sur une grille.

Pour la crème au beurre, délayez le cacao avec l'eau, puis laissez refroidir. Battez le beurre avec la moitié du sucre jusqu'à ce que le tout soit crémeux. Ajoutez le cacao et le reste du sucre, puis battez bien. Répartissez cette crème entre les deux gâteaux.

**Glaçage :** mettez le beurre, le lait et le chocolat dans une casserole et faites chauffer doucement jusqu'à ce que cela soit fondu. Laissez refroidir, puis battez le sucre glace dedans. Étalez le glaçage sur le dessus et les côtés du gâteau. Décorez avec les cerneaux de noix.

**Gâteau de 20 cm de diamètre**

# Gâteau chocolaté aux amandes

*125 g de chocolat à croquer*
*125 g de beurre ou de margarine*
*125 g de sucre en poudre*
*4 œufs, blancs et jaunes séparés*
*125 g d'amandes en poudre*
*50 g de farine*
GLAÇAGE :
*175 g de chocolat à croquer*
*1 cuillère à soupe d'eau*
*25 g de beurre*

Faites fondre le chocolat au bain-marie. Travaillez le beurre et le sucre jusqu'à ce qu'ils soient crémeux, puis battez-y le chocolat. Battez les jaunes d'œufs, puis les amandes et la farine dedans. Battez les blancs en neige très ferme et incorporez-les délicatement. Versez dans un moule beurré de 18 cm de côté, puis faites cuire 1 h 45 à 2 heures dans un four préchauffé à 160°. Laissez dans le moule 5 minutes, démoulez et laissez refroidir.

Battez les ingrédients du glaçage dans une jatte au bain-marie. Laissez refroidir légèrement et étalez-en les trois-quarts sur le gâteau ; laissez prendre. Mettez le reste dans une poche à douille et décorez.

**Gâteau de 18 cm de côté**

# Cake

*250 g de farine*
*1 paquet de levure*
*1 pincée de quatre-épices*
*1 pincée de cannelle*
*125 g de beurre ou de margarine*
*125 g de sucre roux*
*125 g de raisins de Smyrne*
*125 g de raisins de Corinthe*
*50 g de cerises confites*
*1 gros œuf*
*5 cuillères à soupe de lait*

Beurrez et disposez du papier paraffiné dans un moule à cake. Coupez les cerises en quatre. Tamisez la farine, la levure, les épices dans une jatte. Ajoutez le beurre du bout des doigts, afin de former un mélange grumeleux. Ajoutez le sucre et les fruits. Battez l'œuf et le lait, puis incorporez au mélange.

Versez la pâte dans le moule et faites cuire 1 h 15 à 1 h 30 dans un four préchauffé à 180°. Laissez dans le moule quelques minutes, puis démoulez et laissez refroidir.

**Cake de 15 cm de diamètre**

# Cake glacé

*175 g de beurre ou de margarine*
*175 g de sucre*
*250 g de farine*
*1 pincée de quatre-épices*
*3 œufs*
*250 g de raisins de Malaga*
*125 g de raisins de Corinthe*
*25 g d'angélique*
*125 g de cerises confites*
*25 g de gingembre confit*
*1 cuillère à soupe de rhum*

POUR DÉCORER :

*75 g de fruits confits*
*50 g de cerneaux de noix*
*2 cuillères à soupe de confiture d'abricots*
*1 cuillère à soupe d'eau*
*Jus de citron*

Préparez un moule rond de 18 cm, comme pour la recette page 17. Coupez les cerises en quatre. Travaillez le beurre et le sucre jusqu'à ce qu'ils soient crémeux. Tamisez la farine et les épices, battez-y les œufs un à un, en ajoutant une cuillère à soupe de farine après les deux derniers. Incorporez le reste de farine, puis les fruits et le rhum.

Versez dans le moule et décorez avec les fruits confits et les noix. Faites cuire 1 heure dans un four préchauffé à 160°, puis 2 heures à 150° ; une pointe de couteau piquée au centre doit ressortir propre. Laissez dans le moule 5 minutes, puis démoulez et laissez refroidir.

**Glaçage :** mettez la confiture et l'eau dans une casserole et faites bouillir 3 à 4 minutes. Versez le jus de citron, passez le mélange et remettez à chauffer doucement dans la casserole. Badigeonnez-en les fruits.

**Cake de 18 cm de diamètre**

# Gâteau au gingembre et aux amandes

*250 g de farine*
*1 1/2 cuillère à café de gigembre en poudre*
*1/2 cuillère à café de quatre-épices*
*1/2 cuillère à café de bicarbonate de soude*
*125 g de beurre ou de margarine*
*175 g de sirop d'érable*
*50 g de sucre roux*
*15 cl de lait*
*2 œufs battus*
*25 g d'amandes*

Tamisez la farine, les épices et le bicarbonate. Mettez le beurre, le sirop d'érable et le sucre dans une casserole et mélangez à feu doux. Laissez refroidir légèrement, puis ajoutez les ingrédients secs et terminez par le lait et les œufs ; mélangez bien. Versez la pâte dans un moule carré beurré de 18 cm de côté, saupoudrez d'amandes en lanières et faites cuire 1 h 30 à 2 heures dans un four préchauffé à 160° ; une lame de couteau piquée au centre doit ressortir sèche.

Laissez dans le moule 15 minutes, puis démoulez et laissez refroidir. Enveloppez-le dans du papier aluminium ou mettez-le dans une boîte en fer pendant quelques jours avant de le servir.

**Gâteau de 18 cm de côté**

# Gâteau aux flocons d'avoine

*250 g de farine complète*
*250 g de flocons d'avoine*
*1 pincée de bicarbonate de soude*
*1 pincée de sel*
*1/2 cuillère à café de gingembre en poudre*
*125 g de beurre*
*200 g de sirop d'érable*
*125 g de sucre roux*
*18 cl de lait*

Mettez la farine et les flocons d'avoine dans une jatte et tamisez le bicarbonate, le sel et le gingembre. Mettez le beurre, le sirop d'érable et le sucre dans une casserole et faites chauffer doucement. Laissez refroidir légèrement, ajoutez les ingrédients secs et le lait ; mélangez bien. Versez la pâte dans un moule carré beurré de 20 cm de côté et faites cuire 50 et 60 minutes dans un four préchauffé à 180° ; le gâteau doit être ferme.

Laissez 15 minutes dans le four, puis démoulez et laissez refroidir. Mettez-le plusieurs jours dans une boîte en fer avant de le servir.

**Gâteau de 20 cm de côté**

## Macarons

*250 g de sucre en poudre*
*150 g d'amandes en poudre*
*1 cuillère à soupe de farine*
*2 blancs d'œufs*
*Papier paraffiné*
*25 amandes*

Mélangez le sucre et la poudre d'amandes. Battez les blancs en neige, ajoutez les ingrédients secs et battez jusqu'à ce que cela soit ferme.

Laissez reposez 5 minutes, puis disposez des cuillères à café du mélange, bien séparées, sur du papier paraffiné disposé sur une plaque à pâtisserie. Aplatissez légèrement et posez une amande au centre.

Faites cuire 20 minutes dans un four préchauffé à 180°. Laissez refroidir, puis ôtez-les du papier.

**Pour 25 macarons**

# Galettes aux amandes

*125 g de beurre ou de margarine*
*50 g de sucre en poudre*
*1 jaune d'œuf*
*50 g d'amandes en poudre*
*75 g de farine*
POUR COUVRIR :
*125 g de sucre glace*
*1 blanc d'œuf*
*50 g d'amandes coupées fin*

Travaillez le beurre et le sucre, puis ajoutez le jaune d'œuf et battez bien. Ajoutez les amandes en poudre et la farine. Pétrissez légèrement et étalez cette pâte sur une mince épaisseur. Découpez des cercles de 6 cm de diamètre et posez-les sur une plaque à pâtisserie beurrée.

Mélangez le sucre glace et le blanc d'œuf, puis ajoutez les amandes. Étalez ce mélange sur les biscuits et faites-les cuire 15 à 20 minutes dans un four préchauffé à 180° ; ils doivent être dorés. Laissez-les refroidir sur la plaque.

**Pour 24 galettes**

# Croquants aux flocons d'avoine

*125 g de flocons d'avoine*
*50 g de farine d'avoine*
*150 g de sucre roux*
*12 cl d'huile*
*1 œuf*
*1/4 cuillère à café d'essence d'amandes*

Mélangez dans une jatte les flocons d'avoine, la farine et l'huile, puis laissez reposer 1 heure. Ajoutez l'œuf et l'essence d'amandes et battez bien. Déposez des cuillères à café du mélange sur une plaque à pâtisserie beurrée, en les séparant bien, puis aplatissez-les.

Faites-les cuire 15 à 20 minutes dans un four préchauffé à 160 °; ils doivent être dorés. Laissez-les refroidir 2 minutes, puis posez-les sur une grille.

**Pour 30 croquants**

# Barres aux flocons d'avoine

*125 g de margarine*
*125 g de sucre roux*
*75 g de sirop d'érable*
*250 g de flocons d'avoine*

Faites fondre la margarine avec le sucre et le sirop d'érable, puis ajoutez les flocons d'avoine et mélangez bien. Versez ce mélange dans un moule beurré de 20 cm de côté et lissez la surface.

Faites cuire 25 à 30 minutes dans un four préchauffé à 180° ; le gâteau doit être doré.

Laissez refroidir 2 minutes dans le moule, puis découpez des bandes. Laissez complètement refroidir avant de démouler.

**Pour 16 barres**

# Biscuits au chocolat

*125 g de beurre ou de margarine*
*50 g de sucre en poudre*
*1 œuf battu*
*150 g de farine*
*1 paquet de levure*
*175 g de chocolat à croquer râpé*

Battez le beurre et le sucre jusqu'à ce qu'ils soient mousseux, puis battez l'œuf et incorporez la farine, la levure et le chocolat.

Sur une plaque à pâtisserie beurrée, déposez des cuillères à café du mélange, bien séparées, et faites cuire 15 à 20 minutes dans un four préchauffé à 180°. Laissez refroidir.

**Pour 25 à 30 biscuits**

# Biscuits à la noix de coco

*125 g de beurre*
*175 g de sucre*
*1 œuf battu*
*75 g de noix de coco en poudre*
*175 g de farine tamisée avec 1 paquet de levure*

Travaillez le beurre jusqu'à ce qu'il soit ramolli, puis battez le sucre. Quand le mélange est mousseux, ajoutez l'œuf, puis la moitié de la noix de coco et la farine ; mélangez bien. Formez des petites boules que vous roulerez dans le reste de noix de coco.

Posez-les sur une plaque à pâtisserie beurrée, en les séparant bien ; aplatissez-les. Faites cuire 10 à 15 minutes dans un four préchauffé à 190°. Posez sur une grille pour les faire refroidir.

**Pour 40 biscuits**

# Biscuits à la cannelle

*125 g de farine*
*50 g de flocons d'avoine*
*75 g de sucre*
*1/4 cuillère à café de bicarbonate de soude*
*1/2 cuillère à café de cannelle en poudre*
*75 g de beurre ou de margarine*
*1/2 cuillère à soupe de sirop d'étable*
*1 cuillère à soupe de lait*

Mélangez la farine, les flocons d'avoine et le sucre, puis le bicarbonate et la cannelle. Faites chauffer doucement le beurre, le sirop d'érable et le lait jusqu'à ce que le beurre soit fondu. Battez les ingrédients secs jusqu'à ce que cela soit homogène.

Formez des petites boules ; posez-les sur une plaque à pâtisserie beurrée, en les séparant bien ; aplatissez-les. Faites cuire 15 minutes dans un four préchauffé à 180° ; ils doivent être dorés. Laissez refroidir.

**Pour 25 biscuits**

# Biscuits aux dattes et flocons d'avoine

*175 g de farine complète*
*175 g de flocons d'avoine*
*175 g de beurre ou de margarine*
*50 g de sucre roux*
GARNITURE :
*175 g de dattes coupées fin*
*2 cuillères à soupe d'eau*
*1 cuillère à soupe de jus de citron*
*1 cuillère à soupe de miel liquide*

Mettez les ingrédients de la garniture dans une petite casserole et laissez mijoter doucement jusqu'à ce que les dattes soient tendres. Entre temps, mélangez la farine et les flocons d'avoine, et incorporez du bout des doigts le beurre. Ajoutez le sucre ; disposez la moitié de la pâte dans un moule beurré de 18 cm de côté. Couvrez avec le mélange de dattes, puis recouvrez avec le reste de pâte.

Faites cuire 35 à 40 minutes dans un four préchauffé à 190°. Découpez en bandes pendant que c'est encore chaud ; laissez complètement refroidir dans le moule.

**Pour 12 biscuits**

# Petits sablés

*175 g de farine complète*
*25 g de flocons d'avoine*
*1 pincée de sel*
*1/2 cuillère à café de levure en poudre*
*75 g de beurre ou de margarine*
*40 g de sucre*
*2-3 cuillères à soupe de lait*

Mélangez la farine et les flocons d'avoine, puis ajoutez le sel et la levure. Incorporez du bout des doigts le beurre pour obtenir un mélange grumeleux, puis ajoutez le sucre. Ajoutez du lait pour que le mélange soit homogène. Étalez la pâte et découpez des cercles de 6 cm.

Posez-les sur une plaque beurrée et faites cuire 15 à 20 minutes dans un four préchauffé à 190°. Laissez refroidir sur une grille.

**Pour 22 sablés**

# Biscuits aux noix

*175 g de farine complète*
*1/2 cuillère à café de levure en poudre*
*1/4 cuillère à café de bicarbonate de soude*
*75 g de sucre en poudre*
*75 g de beurre ou de margarine*
*50 g de cerneaux de noix coupés fin*
*2 cuillères à soupe de sirop d'érable*

Dans une jatte tamisez la farine, la levure, et le bicarbonate ; ajoutez le sucre. Incorporez le beurre du bout des doigts ; quand le mélange est grumeleux, ajoutez les noix. Versez le sirop et pétrissez pour obtenir une pâte ferme. Répartissez-la en boules de la taille d'une noix que vous poserez sur une plaque à pâtisserie en les séparant bien.

Faites-les cuire 15 minutes dans un four préchauffé à 190° ; ils doivent être dorés. Laissez refroidir sur une grille.

**Pour 20 biscuits**

# Brownies

*125 g de farine*
*1 paquet de levure*
*125 g de chocolat à croquer*
*125 g de beurre ou de margarine*
*125 g de sucre roux*
*2 œufs*
*75 g de noix coupées fin*

Tamisez la farine et la levure. Faites fondre le chocolat au bain-marie. Travaillez le beurre et le sucre jusqu'à ce qu'ils soient mousseux. Battez les œufs un à un dedans, en ajoutant une cuillère à soupe de farine après le deuxième œuf. Battez le chocolat fondu, puis le reste de farine et les noix.

Versez dans un moule carré beurré de 20 cm de côté et faites cuire 30 à 35 minutes dans un four préchauffé à 180°. Découpez des carrés tant que le gâteau est chaud et laissez refroidir dans le moule.

**Pour 16 brownies**

# Croquants au chocolat

*50 g de beurre ou de margarine*
*50 g de sirop d'érable*
*125 g de chocolat à croquer*
*75 g de corn flakes*
*25 g de noix de coco en poudre*

Mettez le beurre, le sirop d'érable et le chocolat dans une casserole jusqu'à ce qu'ils soient fondus. Ajoutez la noix de coco et les cornflakes et mélangez bien. Versez dans un moule beurré de 20 cm de diamètre et mettez à glacer jusqu'à ce que cela soit pris. Découpez les parts et servez.

**Croquant de 20 cm de diamètre**

# Rochers à la noix de coco

*2 blancs d'œufs*
*150 g de sucre en poudre*
*150 g de noix de coco en poudre*
*1/2 cuillère à café de maïzena*
*Colorant alimentaire rouge (facultatif)*
*Papier paraffiné*

Battez les blancs en neige, puis incorporez le sucre, la noix de coco et la maïzena. Séparez le mélange en deux parts et ajoutez du colorant rouge dans l'une. Répartissez des cuillères à café sur une plaque à pâtisserie garnie de papier paraffiné et donnez-leur la forme d'une pyramide. Faites cuire 8 à 10 minutes dans un four préchauffé à 180°.

**Pour 12 rochers**

# Lingots au caramel et au chocolat

*125 g de beurre*
*50 g de sucre en poudre*
*175 g de farine*
CARAMEL :
*125 g de beurre ou de margarine*
*50 g de sucre en poudre*
*1 cuillère à soupe de sirop d'érable*
*15 cl le lait condensé*
POUR NAPPER :
*125 g de chocolat à croquer*
*15 g de beurre*

Travaillez le beurre et le sucre jusqu'à ce qu'ils soient mousseux. Ajoutez la farine et mélangez bien. Pétrissez. Garnissez un moule carré beurré de 20 cm de côté, piquez la pâte avec une fourchette et faites cuire 25 à 30 minutes dans un four préchauffé à 180°. Laissez refroidir dans le moule.

Mettez les ingrédients pour le caramel dans une casserole et laissez dissoudre à feu doux. Portez doucement à ébullition et laissez cuire 5 à 7 minutes, tout en remuant. Laissez refroidir un peu, puis recouvrez la pâte et laissez prendre.

Faites fondre le chocolat et le beurre à feu doux, mélangez bien et étalez sur la garniture quand elle est bien prise. Laissez prendre, puis découpez le gâteau en rectangles.

**Pour 14 lingots**

# Gâteau au chocolat et aux fruits

*125 g de margarine*
*50 g de sucre en poudre*
*1 cuillère à soupe de sirop d'érable*
*2 cuillères à soupe de lait*
*2 cuillères à soupe de chocolat liquide*
*1 cuillère à soupe de cacao*
*250 g de petits-beurre écrasés*
*50 g de miettes de gâteau*
*50 g de cerises confites coupées fin*
*50 g de raisins de Malaga*
GLAÇAGE :
*125 g de chocolat à croquer*
*15 g de beurre*

Mettez la margarine, le sirop d'érable et le lait dans une casserole à feu doux. Ajoutez le chocolat liquide, le cacao, la moitié des biscuits et mélangez bien. Ajoutez le reste des ingrédients ; quand tout est bien mélangé, pressez la pâte obtenue dans un moule rond de 20 cm de diamètre. Laissez prendre au réfrigérateur, puis démoulez.

Faites fondre le chocolat et le beurre au bain-marie et mélangez bien. Étalez sur le gâteau et laissez prendre.

**Gâteau de 20 cm de diamètre**

# Biscuits au gingembre

*50 g de beurre ou de margarine*
*2 cuillères à soupe de sirop d'érable*
*50 g de sucre roux*
*175 g de farine*
*1 paquet de levure*
*1/2 cuillère à café de gingembre en poudre*

Faites fondre le beurre avec le sirop d'érable et le sucre. Mélangez et laissez refroidir, puis incorporez la farine et le gingembre ; quand vous avez obtenu une pâte homogène, divisez-la en boules de la taille d'une noix, posez-les sur une plaque à pâtisserie beurrée, en les séparant bien, et aplatissez-les.

Faites cuire 15 à 20 minutes dans un four préchauffé à 190, laissez refroidir 1 minute sur la plaque, puis mettez-les sur une grille.

**Pour 25 à 30 biscuits**

## Barres au chocolat

*50 g de beurre ou de margarine*
*200 g de chocolat à croquer*
*2 cuillères à soupe de sirop d'érable*
*250 g de petits-beurre écrasés*

Faites chauffer doucement dans une casserole le beurre, le chocolat et le sirop d'érable jusqu'à ce que le tout soit fondu. Incoporez les biscuits.

Versez la pâte obtenue dans un moule beurré de 18 cm de côté et lissez la surface. Laissez prendre, puis découpez des barres.

**Pour 16 barres**

## Galettes au chocolat

*125 g de beurre ou de margarine*
*50 g de sucre en poudre*
*125 g de farine tamisée avec 1 paquet de levure*
*25 g de cacao*

Travaillez le beurre et le sucre jusqu'à ce qu'ils soient mousseux. Tamisez la farine et le cacao et ajoutez-les au beurre. Formez des boules de la taille d'une noix et posez-les sur une plaque à pâtisserie beurrée, en les séparant bien, puis aplatissez-les. Faites-les cuire 10 à 15 minutes dans un four préchauffé à 190°. Mettez-les à refroidir sur une grille.

**Pour 24 galettes**

## Palets dorés

*75 g de farine tamisée avec 1/2 paquet de levure*
*1/4 cuillère à café de quatre-épices*
*75 g de farine complète*
*25 g de farine d'avoine*
*125 g de beurre ou de margarine*
*50 g de sucre roux*
*2 cuillères à soupe de lait*

Mettez la farine et le quatre-épices dans une jatte, puis ajoutez la farine complète et la farine d'avoine. Incorporez le beurre du bout des doigts pour obtenir un mélange grumeleux, puis ajoutez le sucre et liez le tout avec du lait.

Pétrissez légèrement sur le plan de travail ; étalez la pâte sur une mince épaisseur. Découpez des cercles de 7 cm et posez-les sur une plaque à pâtisserie beurrée. Faites-les cuire 15 minutes dans un four préchauffé à 190°. Faites-les refroidir sur une grille.

**Pour 18 à 20 palets**

# Scones

*250 g de farine*
*1 paquet de levure*
*1 pincée de sel*
*50 g de beurre ou de margarine*
*25 g de sucre en poudre*
*12 cl de lait*
*Lait pour glacer*

Tamisez la farine, la levure et le sel dans une jatte et incorporez le beurre du bout des doigts pour obtenir un mélange grumeleux. Ajoutez du sucre et du lait en quantité suffisante pour lier le tout.

Pétrissez légèrement la pâte sur le plan de travail, puis étalez-la sur 2 cm d'épaisseur. Découpez des ronds de 5 cm et posez-les sur une plaque à pâtisserie farinée ; badigeonnez-les de lait. Faites-les cuire 12 à 15 minutes dans un four préchauffé à 220°. Faites-les refroidir sur une grille. Servez-les avec de la confiture, du beurre ou de la crème.

**Pour 12 à 14 scones**

**Scones aux dattes :** ajoutez une pincée de cannelle à la farine et 50 g de dattes coupées fin au sucre.
**Scones à la farine complète :** remplacez 125 g de farine par 125 g complète.

# Scone aux fruits

*250 g de farine*
*1 paquet de levure*
*50 g de beurre ou de margarine*
*25 g de sucre en poudre*
*75 g de raisins de Smyrne ou de Corinthe*
*12 cl de lait*
*Lait pour glacer*

Tamisez la farine et la levure dans une jatte et incorporez le beurre du bout des doigts pour obtenir un mélange grumeleux. Ajoutez les fruits, le sucre et du lait en quantité suffisante pour lier le tout.

Pétrissez la pâte légèrement sur le plan de travail fariné et formez un cercle de 18 cm de diamètre que vous poserez sur une plaque à pâtisserie farinée.

Tracez huit portions, badigeonnez de lait et faites cuire 15 à 20 minutes dans un four préchauffé à 200° ; il doit être doré. Posez-le sur une grille et laissez-le refroidir. Servez avec du beurre et de la confiture.

**Scone de 18 cm de diamètre**

# Scones au fromage

*250 g de farine*
*1 paquet de levure*
*1 pincée de muscade*
*1 pincée de sel*
*50 g de beurre ou de margarine*
*125 g de gruyère râpé*
*1 œuf battu*
*4 cuillères à soupe de lait*
*Lait pour glacer*

Tamisez la farine, la levure, le sel et la noix de muscade dans une jatte, puis incorporez le beurre du bout des doigts pour obtenir un mélange grumeleux. Incorporez 75 g de gruyère, l'œuf, le lait et mélangez bien.

Pétrissez la pâte légèrement sur le plan de travail fariné et étalez-la sur 2 cm d'épaisseur. Découpez des cercles de 5 cm et posez-les sur une plaque à pâtisserie farinée. Badigeonnez de lait et saupoudrez avec le reste de gruyère. Faites cuire 15 à 20 minutes dans un four préchauffé à 200°. Posez sur une grille pour laisser refroidir. Servez avec du beurre.

**Pour 10 scones**

# Scones plats

*250 g de farine*
*1/2 cuillère à café de levure en poudre*
*1/4 cuillère à café de bicarbonate de soude*
*1 pincée de sel*
*25 g de sucre en poudre*
*1 gros œuf*
*25 cl de lait*
*1 cuillère à soupe d'huile*

Tamisez les ingrédients secs dans une jatte et faites un puits au centre. Ajoutez l'œuf et la moitié du lait et mélangez pour obtenir une pâte homogène. Battez peu à peu le reste de lait et l'huile. La pâte doit être épaisse.

Faites chauffer une poêle à fond épais ou bien une plaque en fonte et graissez-la légèrement. Déposez des cuillères à soupe de pâte, en les séparant et laissez cuire jusqu'à ce que des bulles apparaissent à la surface. Retournez-les à l'aide d'une pelle et faites-les cuire de l'autre côté. Posez-les au fur et à mesure dans une serviette, afin qu'ils ne se dessèchent pas. Servez-les avec du beurre.

**Pour 12 à 16 scones**

# Sablé

*125 g de beurre*
*50 g de sucre en poudre*
*175 g de farine tamisée*
*Sucre en poudre pour saupoudrer*

Travaillez le beurre et le sucre jusqu'à ce qu'ils soient mousseux. Incorporez la farine et mélangez bien. Pétrissez la pâte jusqu'à ce qu'elle soit homogène ; donnez-lui la forme d'un cercle de 20 cm de diamètre dont vous pincerez régulièrement le bord. Piquez-le avec une fourchette et tracez huit portions.

Saupoudrez de sucre en poudre et faites cuire 40 à 45 minutes dans un four préchauffé à 160° ; il doit être légèrement doré. Laissez refroidir sur la plaque à pâtisserie 5 minutes, puis posez-le sur une grille pour qu'il refroidisse complètement.

**Sablé de 20 cm de diamètre.**

# GÂTEAUX AUX FRUITS ET A LA CRÈME

## Gâteau au chocolat et marrons

*75 g de chocolat à croquer*
*2 cuillères à soupe d'eau*
*4 œufs, blancs et jaunes séparés*
*250 g de sucre en poudre*
*350 g de marrons cuits et écrasés*
POUR TERMINER :
*30 cl de crème fouettée*
*1 marron glacé*

Faites fondre le chocolat dans l'eau au bain-marie. Otez du feu. Battez les jaunes d'œufs et le sucre jusqu'à ce qu'ils soient crémeux. Ajoutez-les au chocolat, puis incorporez délicatement les blancs battus en neige très ferme et les marrons.

Versez dans deux moules de 20 cm de diamètre, puis faites cuire 35 à 40 minutes dans un four préchauffé à 180°. Laissez quelques minutes ainsi, puis démoulez sur une grille et laissez refroidir.

Etalez la moitié de la crème fouettée entre les deux gâteaux, puis décorez le dessus du gâteau ainsi formé avec le reste de crème fouettée. Répartissez des petits morceaux de marron glacé tout autour.

**Gâteau de 20 cm de diamètre**

# Génoise aux fruits

GÉNOISE :
*3 œufs*
*140 g de sucre en poudre*
*75 g de farine*
*1 pincée de quatre-épices*
POUR GARNIR ET COUVRIR :
*500 g de pommes pelées, coupées en tranches*
*2 cuillères à soupe d'abricots*
*50 g de raisins de Smyrne*
*50 g de raisins de Malaga*
*2 cuillères à soupe de sucre roux*
*30 cl de crème fouettée*

Préparez la génoise de la même façon que le gâteau à la crème (page 12) en ajoutant le quatre-épices à la farine. Mettez les pommes et la confiture d'abricots dans une casserole, couvrez et laissez cuire doucement jusqu'à ce que les fruits soient tendres. Ajoutez les fruits secs et le sucre, puis laissez refroidir.

Coupez le gâteau en deux dans le sens de l'épaisseur et étalez entre les deux morceaux le mélange de pommes et un tiers de la crème fouettée.

Étalez un deuxième tiers de crème sur le gâteau et dessinez à l'aide d'une poche à douille, des rosettes sur le pourtour du gâteau avec le troisième tiers de crème.

**Gâteau de 23 cm de diamètre**

# Gâteau Forêt Noire

*3 œufs*
*140 g de sucre en poudre*
*50 g de farine*
*25 g de cacao*
DÉCORATION :
*75 g de chocolat à croquer*
CRÈME AU CHOCOLAT :
*2 jaunes d'œufs*
*125 g de sucre glace*
*125 g de beurre frais*
*50 g de chocolat à croquer fondu*

Beurrez un moule rond de 23 cm de diamètre. Mettez les œufs et le sucre dans une jatte au bain-marie et fouettez jusqu'à ce qu'ils soient épais. Le bain-marie n'est pas nécessaire si vous utilisez un batteur. Tamisez et incorporez la farine et le cacao. Versez dans le moule et faites cuire 35 à 40 minutes dans un moule préchauffé à 190°. Démoulez sur une grille et laissez refroidir.

Pour décorer, faites fondre le chocolat dans une assiette posée sur une casserole d'eau bouillante. Étalez-le en une fine couche sur un plan de travail et laissez-le jusqu'à ce qu'il soit presque pris ; à l'aide d'une palette soulevez-le en poussant la palette presque horizontalement ; vous détacherez ainsi des sortes de copeaux.

Préparez la crème comme dans la recette page 47, mais avec le chocolat.

Coupez le gâteau en deux dans le sens de l'épaisseur ; étalez la moitié de la crème au beurre entre les deux morceaux et utilisez le reste de crème pour le dessus du gâteau. Décorez.

**Gâteau de 23 cm de diamètre**

# Pithiviers

*75 g d'amandes en poudre*
*75 g de sucre en poudre*
*40 g de beurre ou de margarine*
*1 œuf*
*25 g de farine*
*1/4 cuillère à café d'essence d'amandes*
*400 g de pâte feuilletée décongelée*
POUR GLACER :
*1 blanc d'œuf*
*1 cuillère à soupe de sucre en poudre*

Mélangez les amandes avec le sucre, le beurre et l'œuf, puis battez bien. Incorporez la farine et l'essence d'amandes. Étalez la pâte feuilletée et découpez deux cercles de 20 cm de diamètre, l'un étant plus épais que l'autre. Posez le plus mince sur une plaque à pâtisserie humide et couvrez-le avec le mélange d'amandes en laissant 2 cm vides sur les bords. Humidifiez les bords et posez sur la garniture l'autre morceau de pâte, que vous ferez bien adhérer sur les bords.

Avec la pointe d'un couteau, dessinez un décor sur le dessus. Badigeonnez de blanc d'œuf et de sucre en poudre, puis faites cuire 25 à 30 minutes dans un four préchauffé à 220°. Posez sur une grille pour laissez refroidir.

**Pithiviers de 20 cm de diamètre**

# Gâteau aux fraises

*3 œufs*
*125 g de sucre en poudre*
*Zeste râpé et jus de 1/2 citron*
*50 g de semoule*
*25 g d'amandes en poudre*
POUR TERMINER :
*30 cl de crème fouettée*
*250 g de fraises*
*4 cuillères à soupe de gelée de groseilles*
*2 cuillères à café d'eau*
*50 g d'amandes coupées fin et grillées*

Travaillez les jaunes d'œufs avec le sucre, le zeste et le jus de citron jusqu'à ce que cela soit clair et crémeux. Incorporez la semoule et les amandes en poudre, puis les blancs battus en neige très ferme. Versez le mélange dans un moule beurré et fariné de 23 cm de diamètre et faites cuire 35 à 40 minutes dans un four préchauffé à 180°. Démoulez sur une grille.

Coupez le gâteau en deux dans le sens de l'épaisseur et étalez les trois-quarts de la crème entre les deux morceaux. Disposez les fraises coupées en deux sur le gâteau.

Faites chauffer la gelée de groseilles pour glacer les fraises et le pourtour du gâteau. Faites adhérer les amandes grillées sur le gâteau et décorez avec le reste de crème.

**Gâteau de 23 cm de diamètre**

# Moka aux amandes

GÉNOISE :
*50 g de beurre*
*4 œufs*
*125 g de sucre en poudre*
*125 g de farine*
CRÈME AU BEURRE :
*2 jaunes d'œufs*
*125 g de sucre glace*
*125 g de beurre*
*1 cuillère à soupe d'extrait de café*
POUR DÉCORER :
*125 g d'amandes effilées*
*Sucre glace*

Préparez et faites cuire la génoise comme dans la recette de génoise fourrée page 12.

**Crème au beurre :** travaillez le sucre et le beurre jusqu'à ce que le sucre soit complètement fondu. Ajoutez les jaunes, tout en continuant de tourner, puis l'extrait de café.

Coupez le gâteau en deux dans le sens de l'épaisseur et étalez entre les deux morceaux la moitié de la crème au beurre.

Étalez le reste de crème sur le dessus et les côtés du gâteau et décorez avec les amandes. Saupoudrez un peu de sucre glace dessus.

**Moka de 23 cm de diamètre.**

# Gâteau au caramel

*125 g de beurre ou de margarine*
*175 g de sucre roux*
*3 œufs*
*250 g de farine tamisée avec 1 paquet de levure*
*4 cuillères à soupe de café chaud*
CARAMEL :
*175 g de sucre en poudre*
GARNITURE :
*50 g de beurre*
*125 g de sucre glace*
*2 cuillères à soupe de lait*
GLAÇAGE :
*350 g de sucre glace*
*1 cuillère à soupe d'extrait de café*
*2 cuillères à soupe d'eau*

Travaillez le beurre jusqu'à ce qu'il soit ramolli ; battez le sucre dedans. Ajoutez les œufs un à un, en ajoutant une cuillère à soupe de farine après chacun d'eux. Ajoutez le reste de farine, puis le café et versez le mélange dans deux moules beurrés de 20 cm de diamètre. Faites cuire 25 à 30 minutes dans un four préchauffé à 180°. Démoulez sur une grille et laissez refroidir.

Pour le caramel, faites chauffer doucement le sucre dans une casserole jusqu'à ce qu'il soit dissous. Portez à ébullition ; quand il prend une teinte dorée, étalez-le immédiatement sur une plaque à pâtisserie beurrée. Quand il est froid, cassez-le en petits morceaux. Mettez-en la moitié de côté pour décorer et écrasez l'autre moitié avec un rouleau à pâtisserie.

Pour la garniture, travaillez le beurre et le sucre glace ; ajoutez le caramel écrasé. Ajoutez du lait pour obtenir un mélange homogène et consistant. Répartissez ce mélange entre les deux gâteaux. Pour le glaçage, travaillez le sucre glace, l'extrait de café et l'eau. Nappez le gâteau et décorez avec les morceaux de caramel.
**Gâteau de 20 cm de diamètre**

# Gâteau aux noisettes

*125 g de sucre en poudre*
*3 œufs*
*50 g de farine*
*50 g de noisettes hachées et grillées*
*1 cuillère à soupe d'huile*
CRÈME AU BEURRE :
*2 jaunes d'œufs*
*125 g de sucre glace*
*125 g de beurre*
*1 cuillère à soupe d'extrait de café*
PRALINÉ :
*50 g d'amandes*
*50 g de sucre en poudre*
GLAÇAGE :
*175 g de sucre glace*
*1 cuillère à café d'extrait de café*
*1 cuillère à café d'eau*

Battez les œufs et le sucre pour obtenir un mélange épais. Incorporez la farine, les noisettes et l'huile. Versez dans un moule beurré de 23 cm de diamètre et faites cuire 25 à 30 minutes dans un four préchauffé à 190° ; le gâteau doit rebondir quand on appuie dessus. Démoulez et laissez refroidir sur une grille ; coupez-le en deux.

Faites la crème au beurre comme dans la recette page 47 et le praliné comme dans la recette page 51. Mélangez 2 cuillères à soupe de praliné dans la crème au beurre. Étalez 3 cuillères à soupe de crème au beurre entre les deux morceaux de gâteau, puis étalez le reste de crème sur le pourtour du gâteau et faites adhérer le praliné.

Pour le glaçage, travaillez le sucre glace et l'extrait de café jusqu'à ce qu'ils soient bien mélangés. Étalez sur le gâteau et laissez prendre. Décorez avec un peu de crème au beurre.

**Gâteau de 23 cm de diamètre**

# Gâteau au café et aux noix

*4 œufs*
*175 g de sucre en poudre*
*125 g de farine*
*1 cuillère à soupe d'huile*
*125 g de noix coupées fin*
GLAÇAGE AU BEURRE :
*250 g de beurre*
*500 g de sucre glace*
*2 cuillères à soupe de lait*
*2 cuillères à soupe d'extrait de café*
POUR DÉCORER :
*Cerneaux de noix*

Beurrez deux moules de 20 cm de diamètre. Battez les œufs et le sucre dans une jatte au bain-marie jusqu'à ce qu'ils soient crémeux. Si vous utilisez un batteur, le bain-marie est inutile. Incorporez peu à peu la farine, puis l'huile et les noix. Répartissez ce mélange dans les moules et faites cuire 30 à 35 minutes dans un four préchauffé à 190°. Démoulez sur une grille et laissez refroidir. Coupez chaque gâteau en deux dans l'épaisseur.

**Glaçage au beurre :** travaillez le beurre avec la moitié du sucre glace, puis ajoutez le lait, l'extrait de café et le reste de sucre. Battez bien. Étalez un quart de la crème sur trois morceaux de gâteau et posez-les les uns sur les autres. Étalez le reste de crème sur le gâteau et sur les bords ; décorez avec les cerneaux de noix.

**Gâteau de 20 cm de diamètre**

# Gâteau aux abricots

GATEAU :
*3 œufs*
*125 g de sucre en poudre*
*Zeste et jus de 1 citron*
*50 g de semoule*
*25 g d'amandes en poudre*
PRALINÉ :
*50 g d'amandes*
*50 g de sucre en poudre*
POUR TERMINER :
*20 cl de crème fraîche*
*1 boîte d'abricots (400 g)*
*4 cuillères à soupe de glaçage à l'abricot (page 54)*

Préparez le gâteau comme dans la recette page 46.

**Praliné :** mettez les amandes et le sucre dans une casserole et faites chauffer doucement jusqu'à ce que le sucre soit dissous. Tournez et laissez cuire jusqu'à ce que tout ait une couleur brune. Étalez sur une plaque à pâtisserie huilée, laissez refroidir, puis réduisez le tout en une poudre grossière en l'écrasant.

Fouettez la crème et incorporez 2 cuillères à soupe de praliné. Coupez le gâteau en deux dans le sens de l'épaisseur et étalez cette crème pralinée entre les deux morceaux. Posez les moitiés d'abricots sur le gâteau et badigeonnez le dessus et les côtés avec le glaçage à l'abricot ; faites adhérer le praliné sur les bords.

**Gâteau de 23 cm de diamètre**

## Meringues aux noix

*2 blancs d'œufs*
*125 g de sucre glace*
*50 g de noix coupées fin*

Battez les blancs d'œufs, puis incorporez peu à peu le sucre tout en continuant de battre. Ils doivent être fermes.

Incorporez délicatement les noix, puis déposez des cuillères à café du mélange, en les séparant bien, sur une plaque à pâtisserie couverte de papier paraffiné.

Faites cuire 15 à 20 minutes dans un four préchauffé à 180°. Laissez-les refroidir légèrement, puis posez-les délicatement sur une grille pour qu'elles refroidissent complètement.

**Pour 22 meringues**

# Florentines

*75 g de beurre*
*75 g de sirop d'érable*
*25 g de farine*
*75 g d'amandes effilées, coupées grossièrement*
*25 g d'écorces confites coupées fin*
*50 g de cerises confites, coupées grossièrement*
*1 cuillère à café de jus de citron*
*125 g de chocolat à croquer*

Faites chauffer le beurre et le sirop d'érable dans une casserole, puis ajoutez la farine, les amandes, les écorces, les cerises et le jus de citron.

Déposez des cuillères à café du mélange sur une plaque à pâtisserie recouverte de papier paraffiné, en les séparant bien. Aplatissez-les avec le dos d'une fourchette et faites cuire 8 à 10 minutes dans un four préchauffé à 180°. Mettez-les sur une grille pour refroidir.

Faites fondre le chocolat au bain-marie, puis étalez-le sur un des côtés des gâteaux. Posez-les sur une grille, la face chocolatée apparente et tracez des vagues avec les dents d'une fourchette. Laissez jusqu'à ce que le chocolat soit pris.

**Pour 14 florentines**

# Petits mokas

PÂTE :
*25 g de beurre*
*2 œufs*
*50 g de sucre en poudre*
*50 g de farine*
CRÈME AU BEURRE :
*2 jaunes d'œufs*
*125 g de sucre glace*
*125 g de beurre*
*1 cuillère à soupe d'extrait de café*
GLAÇAGE A L'ABRICOT :
*4 cuillères à soupe de confiture d'abricots*
*3 cuillères à soupe d'eau*
*Jus de citron*
GLAÇAGE :
*250 g de sucre glace*
*1 cuillère à café d'extrait de café*
*1 1/2 cuillère à soupe d'eau*

Préparez la pâte comme dans la recette de génoise fourrée page 12. Versez-la dans un moule carré beurré de 18 cm de côté à bords hauts et faites cuire 25 à 30 minutes dans un four préchauffé à 190°. Démoulez sur une grille et laissez refroidir, puis coupez le gâteau en deux dans l'épaisseur.

Préparez la crème au beurre comme dans la recette page 47 et répartissez-la entre les deux morceaux de gâteau. Coupez-le en morceaux de 7 × 2 cm.

**Glaçage à l'abricot :** faites chauffer la confiture et l'eau dans une petite casserole et portez à ébullition 3 à 4 minutes. Ajoutez le jus de citron, passez au tamis, faites chauffer à nouveau, puis badigeonnez les gâteaux. Laissez prendre.

Pour le glaçage, mélangez le sucre glace, l'extrait de café et l'eau, puis nappez les gâteaux et laissez prendre. Décorez avec de la crème au beurre.

**Pour 10 mokas**

# Langues de chats

*50 g de beurre*
*50 g de sucre en poudre*
*2 blancs d'œufs*
*50 g de farine*
*Extrait de vanille*

Travaillez le beurre et le sucre jusqu'à ce qu'ils soient crémeux. Battez les blancs en neige très ferme et incorporez-les délicatement au mélange. Incorporez la farine et l'extrait de vanille.

Mettez la pâte dans une poche à douille munie d'une douille unie de 1 cm de diamètre et pressez des bouts de pâte de 7 cm de long sur une tôle beurrée et farinée. Faites cuire 15 minutes dans un four préchauffé à 200° ; les biscuits doivent être plus dorés sur les bords que vers le centre. Laissez refroidir sur une grille.

**Pour 15 à 20 langues de chats**

# Biscuits viennois

*175 g de beurre ou de margarine*
*50 g de sucre glace*
*Le zeste râpé de 1 orange*
*125 g de farine*
*50 g de maïzena*
*2 cuillères à soupe de confiture d'abricots*
*75 g de chocolat à croquer*

Travaillez le beurre et le sucre avec le zeste d'orange pour obtenir un mélange crémeux.

Mélangez la maïzena et la farine. Mettez la pâte dans une poche à douille munie d'une douille de 2,5 cm de diamètre et pressez des bouts de pâte de 7 cm sur une tôle beurrée. Faites cuire 15 minutes dans un four préchauffé à 180°, puis laissez refroidir sur une grille. Collez les gâteaux deux par deux avec la confiture.

Faites fondre le chocolat au bain-marie ; plongez les deux extrémités des gâteaux dedans et posez-les sur du papier paraffiné. Laissez prendre.

**Pour 12 biscuits**

# Gâteaux aux amandes

*50 g d'amandes en poudre*
*125 g de sucre en poudre*
*2 blancs d'œufs*
GLAÇAGE AU BEURRE :
*75 g de beurre*
*175 g de sucre glace*
*1 cuillère à café d'extrait de café*
*1 cuillère à soupe de lait*
GLAÇAGE :
*125 g de sucre glace*
*1 cuillère à café d'extrait de café*
*1 cuillère à café d'eau*
POUR TERMINER :
*25 g d'amandes en poudre grillées*
*8 noisettes, la peau ôtée, grillées*

Mélangez la poudre d'amandes et le sucre. Battez les blancs d'œufs en neige très ferme, puis incorporez peu à peu le mélange amandes-sucre. Versez le mélange dans une poche à douille munie d'une douille de 1 cm de diamètre et pressez des cercles de 5 cm de diamètre sur une plaque à pâtisserie recouverte de papier paraffiné. Faites cuire 30 à 35 minutes dans un four préchauffé à 150°. Laissez refroidir sur une grille.

Faites le glaçage au beurre comme dans la recette page 50 ; étalez-le entre deux gâteaux et sur les bords des gâteaux doubles formés.

Pour le glaçage, mélangez le sucre avec l'extrait de café et l'eau jusqu'à ce que cela soit homogène.

Pressez la poudre d'amandes sur les bords des gâteaux et étalez le glaçage sur le dessus. Laissez prendre et décorez avec le glaçage au beurre et les noisettes.

**Pour 8 gâteaux**

# Eclairs au chocolat

*50 g de beurre ou de margarine*
*15 cl d'eau*
*65 g de farine*
*2 œufs battus*
*20 cl de crème fouetté*
*1 pincée de sel*
GLAÇAGE
*125 g de chocolat à croquer*
*15 g de beurre*

Faites fondre le beurre dans une casserole à feu doux. Ajoutez l'eau, le sel et portez à ébullition. Otez du feu et ajoutez d'un seul coup la farine ; tournez jusqu'à ce que la pâte se détache bien des bords de la casserole. Laissez refroidir légèrement et ajoutez les œufs peu à peu ; la pâte devient homogène et élastique. Versez-la dans une poche à douille munie d'une douille de 1 cm de diamètre ; pressez des morceaux de 7 cm de long sur une tôle humide. Faites cuire 25 minutes dans un four préchauffé à 200° ; ils doivent être croustillants et dorés. Faites une incision sur le côté des éclairs et laissez refroidir sur une grille.

Mettez la crème dans une poche à douille munie d'une douille de 1 cm de diamètre et garnissez les éclairs. Faites fondre le chocolat et le beurre au bain-marie et mélangez bien. Badigeonnez chaque éclair de chocolat et laissez prendre sur une grille.

**Pour 10 à 12 éclairs**

# Tartelettes aux fraises

PÂTE SUCRÉE :
*125 g de farine*
*50 g de beurre ramolli*
*50 g de sucre en poudre*
*2 jaunes d'œufs*
*Quelques gouttes de vanille liquide*
GLAÇAGE :
*4 cuillères à soupe de gelée de groseilles*
*1 cuillère à soupe d'eau*
GARNITURE :
*250 g de fraises*

Tamisez la farine sur un plan de travail, faites un puits au centre et mettez le beurre, le sucre, les œufs et la vanille ; mélangez du bout des doigts, puis pétrissez jusqu'à ce que la pâte soit homogène et mettez au réfrigérateur 1 heure.

Étalez la pâte en couche mince et garnissez-en 14 moules à tartelettes ; disposez du papier aluminium sur chaque moule garni. Faites cuire 10 minutes dans un four préchauffé à 190° ; la pâte doit être dorée. Laissez refroidir, ôtez l'aluminium et démoulez.

Pour le glaçage, faites chauffer la gelée avec l'eau, portez à ébullition, passez au tamis et remettez sur le feu. Badigeonnez l'intérieur des tartelettes, disposez les fraises, et badigeonnez-les avec le reste de glaçage.

**Pour 14 tartelettes**

# Cornets à la crème

*1 paquet de pâte feuilletée (200 g) décongelée*
*Œufs battus pour glacer*
*Confiture de fraises*
*17 cl de crème fouettée*
POUR DÉCORER :
*Cerises et angélique confites*
*Sucre glace*

Étalez la pâte en un rectangle de 25 × 33 cm et rectifiez les bords. Découpez 10 bandes de 2,5 cm de large. Humidifiez l'un des grands côtés de chacune enroulez-les sur des moules à cornets en commençant par la pointe. Posez-les sur une tôle humide et mettez 15 minutes au réfrigérateur.

Badigeonnez d'œuf et faites cuire 15 à 20 minutes dans un four préchauffé à 220° ; ils doivent être dorés. Laissez ainsi 5 minutes avant de démouler. Laissez refroidir sur une grille. Versez un peu de confiture dans chaque cornet, puis recouvrez-la de crème. Décorez avec des morceaux d'angélique et de cerises confites ; saupoudrez de sucre glace.

**Pour 10 cornets**

# Barquettes aux noix

PÂTE SUCRÉE :
*125 g de farine*
*50 g de beurre*
*50 g de sucre en poudre*
*2 jaunes d'œufs*
*Vanille liquide*
GARNITURE :
*50 g de beurre ou de margarine*
*50 g de sucre en poudre*
*1 œuf battu*
*25 g de farine*
*50 g de noix en poudre*
GLAÇAGE :
*125 g de sucre glace*
*1 blanc d'œuf*

Préparez la pâte sucrée comme dans la recette des tartelettes page 48 ; étalez-la et garnissez-en 14 moules à tartelettes ovales. Piquez avec une fourchette et mettez au réfrigérateur 20 minutes.

Garniture : travaillez le beurre et le sucre jusqu'à ce qu'ils forment un mélange crémeux ; ajoutez l'œuf, puis la farine et mélangez bien. Incorporez les noix et répartissez le mélange dans les moules à l'aide d'une poche à douille.

Glaçage : mélangez le sucre glace et le blanc d'œuf jusqu'à ce qu'ils soient homogènes. Mettez dans une poche à douille et dessinez des croisillons sur les barquettes. Faites cuire 20 minutes dans un four préchauffé à 200°. Laissez dans les moules 5 minutes, puis démoulez et laissez refroidir.

**Pour 14 barquettes**

# Biscuits croquants

*125 g de beurre*
*125 g de sucre*
*125 g de sirop d'érable*
*125 g de farine*
*1/2 cuillère à café de gingembre en poudre*

Mettez le beurre, le sucre et le sirop d'érable dans une casserole et faites chauffer doucement jusqu'à ce que le beurre soit fondu et le sucre dissous. Laissez refroidir légèrement, puis incorporez la farine et le gingembre ; battez bien. Disposez des cuillères à café de ce mélange, à 10 cm d'intervalle, sur une plaque beurrée et faites cuire 10 à 12 minutes dans un four préchauffé à 180° ; ils doivent être dorés.

Laissez refroidir légèrement, puis à l'aide d'une lame de couteau ôtez-les de la plaque et roulez-les sur eux-mêmes. Laissez-les durcir ainsi 1à 2 minutes, puis posez-les sur une grille pour qu'ils refroidissent complètement. Servez-les nature ou avec de la crème fouettée.

**Pour 35 biscuits**

# Tartelettes frangipane

PÂTE
*125 g de farine*
*50 g de beurre*
*Eau pour lier*
GARNITURE :
*50 g de beurre*
*50 g de sucre en poudre*
*1 œuf battu*
*1 cuillère à soupe de farine*
*50 g d'amandes en poudre*
*2 gouttes d'extrait d'amandes*
*25 g d'amandes effilées*
*2 cuillères à soupe de glaçage à l'abricot (voir page 21)*

**Pour 10 tartelettes**

Pour la pâte mélangez la farine et le beurre du bout des doigts pour obtenir un mélange grumeleux. Ajoutez de l'eau en quantité suffisante pour obtenir une pâte homogène. Pétrissez-la légèrement et mettez-la au réfrigérateur 30 minutes. Étalez-la en couche mince et découpez dix cercles de 7 cm de diamètre ; garnissez-en deux petits moules à tarte. Mettez 15 minutes au réfrigérateur.

Travaillez le beurre et le sucre jusqu'à ce qu'ils soient crémeux, ajoutez l'œuf, puis la farine. Incorporez les amandes en poudre et l'extrait d'amandes, puis mettez le mélange dans une poche à douille munie d'une douille de 1 cm ; remplissez-en les tartelettes aux deux tiers.

Saupoudrez d'amandes effilées et faites cuire 20 minutes dans un four préchauffé à 200°. Démoulez, badigeonnez de glaçage à l'abricot.

# Doigts de fée

*50 g de sucre en poudre*
*2 œufs*
*Vanille liquide*
*50 g de farine*
*Sucre en poudre pour saupoudrer*

Fouettez le sucre, les œufs et la vanille dans une jatte au bain-marie jusqu'à ce qu'ils forment un mélange épais. Si vous utilisez un batteur, le bain-marie n'est pas nécessaire.

Mélangez le mélange dans une poche à douille munie d'une douille de 1 cm et pressez des bâtonnets sur une plaque beurrée et farinée. Saupoudrez de sucre et faites cuire 6 à 8 minutes dans un four préchauffé à 190° ; ils doivent être bien dorés. Faites refroidir.

**Pour 22 doigts de fée**

# Tuiles aux amandes

*75 g de beurre*
*75 g de sucre en poudre*
*50 g de farine*
*75 g d'amandes effilées*

Travaillez le beurre et le sucre pour obtenir un mélange crémeux. Incorporez la farine et les amandes. Disposez des cuillères à café de cette pâte, bien séparées, sur une plaque beurrée et aplatissez-les avec le dos d'une fourchette.

Faites-les cuire 6 à 8 minutes dans un four préchauffé à 200° ; ils doivent être légèrement colorés. Laissez-les 1 minute sur la plaque, puis ôtez-les avec la lame d'un couteau et posez-les sur un rouleau à pâtisserie pour leur donner une forme légèrement incurvée. Otez-les délicatement du rouleau.

**Pour 25 tuiles**

# Boules chocolatées

*300 g de miettes de gâteau*
*50 g de sucre en poudre*
*2 cuillères à soupe de cacao*
*3 cuillères à soupe de confiture d'abricots*
*1 cuillère à soupe de rhum*
*4 cuillères à soupe de vermicelles au chocolat*

Mélangez les miettes de gâteau avec le sucre et le cacao dans une jatte. Ajoutez la confiture et le rhum et mélangez juqu'à ce que vous obteniez une pâte épaisse. Formez des boules de la taille d'une noix et roulez-les dans le vermicelle. Disposez-les sur un plat ou dans des cassettes en papier.

**Pour 15 boules chocolatées**

# Palmiers aux fraises

*1 paquet de pâte feuilletée (environ 200 g) décongelée*
*75 g de sucre*
*17 cl de crème fouettée*
*50 g de fraises coupées en deux*
*Sucre glace pour saupoudrer*

Étalez la pâte sur une surface sucrée et donnez-lui la forme d'un rectangle de 30 × 25 cm. Saupoudrez-le de sucre que vous ferez adhérer en pressant dessus le rouleau à pâtisserie. Prenez le plus petit côté de la pâte et pliez-le sur le centre. Ramenez l'autre bout également sur le centre. Humidifiez légèrement la pâte et faites bien adhérer. Pliez en deux et faites bien adhérer les bords. Découpez des tranches de 1 cm d'épaisseur que vous poserez sur une plaque humide et que vous aplatirez légèrement.

Faites cuire 10 à 12 minutes dans un four préchauffé à 220°, en retournant les palmiers quand ils commencent à prendre couleur, afin qu'ils dorent de l'autre côté. Laissez refroidir sur une grille. A l'aide d'une poche à douille, recouvrez la moitié des feuilles de palmiers de crème fouettée, posez sur la crème les fraises et recouvrez des autres feuilles de palmiers. Saupoudrez de sucre glace.

**Pour 6 feuilles de palmiers**

# Mille-feuilles

*1 paquet de pâte feuilletée (200 g environ) décongelée*
*125 g de sucre glace*
*1 cuillère à soupe d'eau*
*3 cuillères à soupe de gelée de groseilles*
*3 cuillères à soupe de confiture de fraises*
*17 cl de crème fouettée*

Étalez la pâte sur une très mince épaisseur et coupez-la en bandes de 10 × 6 cm. Posez-les sur une plaque humide et mettez-les 15 minutes au réfrigérateur. Faites-les cuire 8 à 10 minutes dans un four préchauffé à 220° ; elles doivent être dorées. Posez-les sur une grille pour les faire refroidir, puis coupez-les en deux.

Mélangez le sucre glace avec l'eau ; quand ils forment un mélange épais, étalez-le sur cinq morceaux de pâte cuite. Mettez la gelée de groseilles dans une poche à douille munie d'une douille de très petit diamètre et dessinez sur le sucre glace des lignes à 1 cm d'intervalle. Avec une pointe de couteau tracez des lignes perpendiculaires à la gelée de groseilles. Laissez de côté.

Couvrez cinq autres morceaux de pâte cuite de confiture et de crème. Posez dessus les morceaux restants que vous décorerez également avec de la crème et de la confiture. Terminez par les morceaux de pâte recouverts du glaçage.

**Pour 5 mille-feuilles**

# PAINS

## Pain « trèfle »

*1 kg de farine*
*1 cuillère à café de sel*
*1 cuillère à café de bicarbonate de soude*
*1 paquet de levure*
*50 g de beurre ou de margarine*
*60 cl de lait*
*Farine pour saupoudrer*

Tamisez les ingrédients secs dans une jatte et ajoutez le beurre du bout des doigts. Ajoutez le lait et mélangez rapidement jusqu'à l'obtention d'une pâte homogène. Posez la pâte sur un plan de travail fariné et pétrissez-la légèrement, puis divisez-la en deux. Donnez à chaque morceau la forme d'un cercle de 5 cm d'épaisseur et posez-les sur une plaque farinée. Faites sur chacun une incision profonde en forme de croix et saupoudrez de farine.

Faites cuire 25 à 30 minutes dans un four préchauffé à 220°. Posez les miches de pain sur une grille pour les faire refroidir.

**Pour 2 miches de 500 g**

# Pain au malt et aux raisins

*550 g de farine*
*1 cuillère à café de sel*
*50 g de sucre roux*
*125 g de raisins de Corinthe*
*125 g de raisins de Smyrne*
*25 g d'écorces confites coupées fin*
*25 g de levure de boulanger*
*25 cl de lait chaud*
*50 g de beurre ou de margarine*
*4 cuillères à soupe de malt*
*2 cuillères à soupe de miel liquide*

Mettez tous les ingrédients secs dans une jatte. Faites dissoudre la levure dans un peu de lait et mettez-le de côté. Faites chauffer doucement le reste de lait avec le malt jusqu'à ce qu'il soit dissous. Laissez refroidir légèrement, puis ajoutez-les aux ingrédients secs, ainsi que la levure.

Battez jusqu'à ce que vous ayez une pâte homogène, couvrez et laissez dans un endroit chaud jusqu'à ce que le tout ait doublé de volume. Pétrissez-la 5 minutes et divisez-la en deux, puis mettez chaque morceau dans des moules à cake de 500 g beurrés. Couvrez et laissez dans un endroit chaud 1 heure ; la pâte doit atteindre le bord des moules.

Faites cuire 35 à 40 minutes dans un four préchauffé à 190°. Les pains doivent « sonner creux » quand on les frappe. Démoulez-les sur une grille et badigeonnez-les de miel.

**Pour 2 pains de 500 g**

# « Trèfle » campagnard

*250 g de farine*
*2 cuillères à café de bicarbonate de soude*
*1 cuillère à café de sel*
*350 g de farine complète*
*1 cuillère à café de levure en poudre*
*30 cl de lait*
*4 cuillères à soupe d'eau*
*Farine pour saupoudrer*

Tamisez les ingrédients secs dans une jatte, puis incorporez peu à peu le lait et l'eau jusqu'à ce que vous obteniez une pâte homogène. Mettez-la sur un plan de travail fariné, pétrissez-la légèrement, puis donnez-lui la forme d'un cercle de 5 cm d'épaisseur. Posez-le sur une plaque farinée, tracez dessus une croix et saupoudrez de farine. Faites cuire 25 à 30 minutes dans un four préchauffé à 220°. Faites refroidir sur une grille.

**Miche de 20 cm de diamètre**

# Pain au malt

*500 g de farine*
*1 cuillère à café de sel*
*15 g de levure de boulanger*
*30 cl d'eau chaude*
*1 cuillère à soupe de malt*
*1 cuillère à soupe d'huile*
*Blé concassé*

Mélangez la farine et le sel dans une jatte. Délayez la levure dans un peu d'eau ; laissez-la jusqu'à ce que des bulles se forment à la surface. Ajoutez-la à la farine avec le reste d'eau, le malt, l'huile et mélangez pour obtenir une pâte homogène.

Pétrissez-la sur une surface farinée 5 minutes ; elle doit être élastique. Mettez-la dans une jatte propre et couvrez ; laissez-la dans un endroit chaud jusqu'à ce qu'elle ait doublé de volume. Mettez-la sur une surface farinée et pétrissez-la 2 minutes. Donnez-lui la forme d'un disque que vous poserez sur une plaque beurrée. Badigeonnez-le d'eau et saupoudrez de blé concassé. Couvrez et laissez encore 30 minutes au chaud ; il doit doubler de volume. Faites cuire 35 minutes dans un four préchauffé à 220° ; il doit « sonner creux » quand vous le frappez.

**Pour faire une miche**

# Pain complet

*1,5 kg de farine complète*
*1 cuillère à soupe de sel*
*25 g de beurre*
*25 g de levure de boulanger*
*90 cl d'eau chaude*
*2 cuillères à soupe de malt*
*1 cuillère à soupe de blé concassé*

Mélangez la farine et le sel ; incorporez le beurre du bout des doigts. Délayez la levure dans un peu d'eau et laissez ainsi 10 minutes. Mélangez le malt dans l'eau restante ; incorporez-le à la farine ainsi que la levure et mélangez pour obtenir une pâte homogène. Mettez-la sur une surface farinée et pétrissez 8 à 10 minutes ; elle doit être élastique. Mettez-la dans une jatte propre, couvrez et laissez 2 heures dans un endroit chaud ; elle doit doubler de volume.

Mettez-la sur une surface farinée, pétrissez-la quelques minutes, puis divisez-la en quatre morceaux que vous mettrez dans des moules à cake beurrés de 500 g. Badigeonnez-les d'eau et saupoudrez de blé concassé. Couvrez et laissez dans un endroit chaud 30 minutes ; la pâte doit atteindre les bords des moules. Faites cuire 30 à 40 minutes dans un four préchauffé à 220° ; les pains doivent « sonner creux » quand on les frappe. Laissez refroidir sur une grille.

**Pour 4 pains de 500 g**

# Pain de campagne

*25 g de levure de boulanger*
*1 cuillère à café de sucre en poudre*
*90 cl d'eau chaude*
*1,5 kg de farine*
*1 cuillère à soupe de sel*
*1 cuillère à soupe d'huile*
*Farine pour saupoudrer*

**Pour 2 pains de 1 kg**

Délayez la levure dans un peu d'eau et mélangez le sucre ; laissez 10 minutes. Tamisez la farine et le sel dans une jatte. Faites un puits au centre et versez la levure, le reste d'eau et l'huile. Mélangez bien jusqu'à ce que vous obteniez une pâte homogène. Mettez-la sur une surface farinée et pétrissez-la 8 à 10 minutes ; elle doit être élastique. Mettez-la dans une jatte propre, couvrez et laissez dans un endroit chaud 2 heures ; elle doit doubler de volume.

Mettez-la sur une surface farinée et pétrissez quelques minutes ; divisez-la en deux morceaux que vous mettrez dans des moules à cake beurrés de 1 kg. Faites une incision le long de chaque miche. Vous pouvez aussi leur donner la forme de miche de pain de campagne, que vous poserez sur une plaque à pâtisserie farinée. Couvrez et laissez 30 minutes au chaud ; la pâte doit atteindre les bords du moule.

Saupoudrez-la de farine et faites cuire 35 à 40 minutes dans un four préchauffé à 220° ; le pain doit « sonner creux » quand on le frappe. Laissez refroidir sur une grille.

# Petits pains

*30 cl de lait*
*50 g de beurre ou de margarine*
*15 g de levure de boulanger*
*1 cuillère à café de sucre en poudre*
*500 g de farine*
*1 cuillère à café de sel*
*1 petit œuf battu*
POUR TERMINER :
*Œuf battu*
*Graines de pavot*

Mettez le lait et le beurre dans une casserole et faites-les tiédir doucement. Faites dissoudre la levure et le sucre dans un peu de lait chaud et laissez ainsi jusqu'à ce que se forment des bulles à la surface. Tamisez la farine et le sel dans une jatte chaude. Faites un puits au centre et versez la levure, le lait et l'œuf. Mélangez bien et pétrissez pour obtenir une pâte homogène et élastique.

Mettez-la dans une jatte propre, couvrez-la et laissez 30 minutes au chaud ; elle doit doubler de volume. Mettez-la sur une surface farinée et pétrissez-la 2 à 3 minutes. Séparez-la en 14 morceaux auxquels vous donnerez la forme de petits pains. Posez-les sur une plaque à pâtisserie beurrée, couvrez et laissez 10 à 15 minutes dans un endroit chaud. Badigeonnez-les d'œuf battu et saupoudrez avec les graines de pavot. Faites cuire 20 minutes dans un four préchauffé à 220°. Laissez refroidir sur une grille.

**Pour 14 petits pains**

# Petits pains à croisillons

*500 g de farine*
*1 cuillère à café de sel*
*1 cuillère à café de quatre-épices*
*2 cuillères à café de cannelle*
*50 g de sucre*
*50 g de beurre ou de margarine*
*25 g de levure de boulanger*
*18 cl de lait chaud*
*1 gros œuf*
*75 g de raisins de Corinthe*
*25 g d'écorces confites*
CROISILLONS :
*3 cuillères à soupe de farine*
*2 cuillères à soupe de lait*
*1 cuillère à café d'huile*
GLAÇAGE :
*2 cuillères à soupe de lait*
*2 cuillères à soupe de sucre en poudre*

Tamisez la farine, le sel, les épices et le sucre dans une jatte, puis incorporez le beurre du bout des doigts. Faites dissoudre la levure dans un peu de lait et laissez-la ainsi jusqu'à ce que les bulles se forment à la surface. Faites un puits au centre de la farine et mettez la levure, l'œuf, les fruits et le reste de lait, puis mélangez jusqu'à ce que la pâte soit homogène.

Mettez-la sur une surface farinée et pétrissez-la 8 minutes ; elle doit être élastique. Mettez-la dans une jatte propre, couvrez et laissez 2 heures dans un endroit chaud ; elle doit doubler de volume. Mettez-la sur une surface farinée et pétrissez 2 minutes. Divisez-la en 12 morceaux auxquels vous donnerez la forme de petits pains, puis posez-les sur une plaque à pâtisserie beurrée. Couvrez et laissez dans un endroit chaud 25 minutes ; ils doivent doubler de volume.

Pour faire les croisillons, mettez la farine dans une petite jatte et ajoutez peu à peu le lait et l'huile ; vous devez obtenir une pâte homogène et épaisse. Mettez-la dans une poche à douille munie d'une douille de 5 mm et pressez des croisillons de pâte sur les pains. Faites cuire 20 minutes dans un four préchauffé à 200° ; ils doivent être dorés.

Mettez le lait et le sucre dans une petite casserole, portez à ébullition et laissez mijoter 2 minutes. Dès que vous sortez les pains du four, badigeonnez-les avec le lait sucré. Posez-les sur une grille et laissez-les refroidir légèrement avant de servir.

**Pour 12 petits pains**

# Pain irlandais

*500 g de fruits secs mélangés*
*200 g de sucre*
*30 cl de thé froid*
*1 œuf battu*
*275 g de farine*
*1 paquet de levure*

Mettez les fruits, le sucre et le thé dans une jatte et laissez ainsi 3 heures ; le thé doit être complètement absorbé. Battez l'œuf, la farine et la levure dedans.

Versez la pâte dans un moule à cake beurré de 1 kg et faites cuire 1 h 30 à 2 heures dans un four préchauffé à 180°. Laissez 5 minutes dans le moule, puis faites refroidir sur une grille. Servez coupé en tranches avec du beurre.

**Pour un pain de 1 kg**

# Pain aux figues

*250 g de figues sèches coupées fin*
*125 g de sucre roux*
*175 g de All-Bran*
*2 cuillères à soupe de mélasse ou de sirop d'érable*
*60 cl de thé froid*
*2 cuillères à café de levure en poudre*
*250 g de farine complète*

Mettez les figues, le sucre, le All-Bran, la mélasse et le thé dans une jatte et laissez ainsi 1 heure. Tamisez la levure dedans et ajoutez la farine ; mélangez bien.

Versez la pâte dans un moule à cake de 1 kg beurré et faites cuire 1 h 15 à 1 h 30 dans un four préchauffé à 180°.

Démoulez sur une grille et laissez refroidir. Servez coupé en tranches avec du beurre.

**Pour un pain de 1 kg**

# Pain aux dattes

*250 g de dattes coupées fin*
*18 cl de thé froid*
*250 g de farine complète*
*2 cuillères à café de levure en poudre*
*1/2 cuillère à café de quatre-épices*
*180 g de sucre*
*1 œuf*
*1 cuillère à soupe de sucre pour couvrir*

Mettez les dattes dans une jatte, versez le thé et laissez tremper 2 heures. Ajoutez le reste des ingrédients et mélangez bien. Versez la pâte dans un moule à cake beurré de 1 kg. Saupoudrez de sucre et faites cuire 1 à 1 h 15 dans un four préchauffé à 180°.

Laissez 5 minutes dans le moule, puis démoulez sur une grille et laissez refroidir. Servez coupé en tranches avec du beurre.

**Pour un pain de 1 kg**

# Pain au son

*75 g de All-Bran*
*75 g de sucre roux*
*125 g de fruits secs assortis*
*30 cl de lait*
*125 g de farine*
*1 paquet de levure*

Mettez le All-Bran, le sucre, les fruits et le lait dans une jatte et laissez ainsi 1 heure. Ajoutez la farine et la levure.

Versez la pâte dans un moule à cake beurré de 1 kg et faites cuire 55 à 60 minutes dans un four préchauffé à 180°. Démoulez sur une grille et laissez refroidir. Servez coupé en tranches avec du beurre.

**Pour un pain de 500 g**

# Pain aux bananes et aux noix

*250 g de farine*
*1 paquet de levure*
*1/2 cuillère à café de cannelle*
*125 g de beurre ou de margarine*
*2 gros œufs*
*3 grosses bananes écrasées*
*75 g de noix coupées fin*
*125 g de sucre roux*

Beurrez un moule à cake de 1 kg. Tamisez la farine et la levure avec la cannelle. Travaillez le beurre et le sucre jusqu'à ce qu'ils soient crémeux. Battez les œufs un à un, puis les bananes. Incorporez la farine et les noix.

Versez la pâte dans le moule et faites cuire 1 à 1 h 15 dans un four préchauffé à 180°. Laissez 2 minutes dans le moule puis démoulez sur une grille et laissez refroidir. Servez coupé en tranches avec du beurre.

**Pour un pain de 1 kg**

# Pain aux cerises et au gingembre

*175 g de farine*
*1 cuillère à café de levure en poudre*
*1 cuillère à café de gingembre en poudre*
*75 g de beurre*
*50 g de gingembre confit coupé fin*
*75 g de cerises confites coupées fin*
*75 g de sucre*
*6 cuillères à soupe de lait*

Tamisez les ingrédients secs dans une jatte ; ajoutez le beurre du bout des doigts jusqu'à ce que le tout ait un aspect grumeleux. Ajoutez le gingembre confit, les cerises, le sucre, puis le lait et mélangez jusqu'à ce que la pâte soit homogène.

Versez-la dans un moule à cake beurré de 500 g et faites cuire 1 à 1 h 15 dans un four préchauffé à 180°. Démoulez sur une grille et laissez refroidir. Servez coupé en tranches avec du beurre.

**Pour un pain de 500 g**

# Natte aux fruits

PÂTE :
*250 g de farine*
*1/4 cuillère à café de sel*
*15 g de levure de boulanger*
*6 cuillères à soupe de lait chaud*
*50 g de beurre ou de margarine*
*1 œuf battu*
*50 g de sucre en poudre*

GARNITURE :
*500 g de pommes pelées et coupées fin*
*125 g de raisins de Smyrne*
*125 g de sucre*
*1/2 cuillère à café de quatre-épices*

GLAÇAGE :
*75 g de sucre glace*
*1 cuillère à café d'eau*

Tamisez la farine et le sel dans une jatte. Délayez la farine dans un peu de lait chaud. Faites fondre le beurre et ajoutez-le à la farine ainsi que la levure, l'œuf, le sucre et le reste de lait ; mélangez jusqu'à ce que la pâte soit homogène. Mettez-la sur une surface farinée et pétrissez 10 minutes ; elle doit être élastique. Mettez-la dans une jatte propre, couvrez et laissez dans un endroit chaud 2 heures ; elle doit doubler de volume.

Pendant ce temps, mettez tous les ingrédients dans une casserole et faites chauffer doucement jusqu'à ce qu'ils forment une compote. Versez sur une assiette et laissez refroidir.

Mettez la pâte sur une surface farinée et pétrissez 2 minutes. Étalez-la et donnez-lui la forme d'un rectangle de 35 × 20 cm ; étalez la garniture au centre. De chaque côté de la garniture coupez la pâte tous les 5 cm. Croisez chaque morceau de pâte au-dessus de la garniture pour former une tresse. Pliez les deux derniers morceaux sous la natte et faites bien adhérer avec de l'eau. Posez la tresse sur une plaque beurrée, couvrez et laissez 30 minutes dans un endroit chaud ; elle doit doubler de volume. Faites cuire 30 à 35 minutes dans un four préchauffé à 200°. Posez-la sur une grille pour la laisser refroidir.

Mélangez le sucre glace et l'eau et badigeonnez la tresse quand elle est encore chaude.

**Natte de 35 cm**

# Pain à la noix de coco

*125 g de beurre ou de margarine*
*125 g de sucre en poudre*
*2 œufs*
*175 g de farine*
*1 paquet de levure en poudre*
*4 cuillères à soupe de noix de coco en poudre*
*2 cuillères à soupe de lait*

Travaillez le beurre et le sucre jusqu'à ce qu'ils soient crémeux. Battez-y les œufs un à un en ajoutant un peu de farine après le second. Incorporez le reste de farine et la levure, 3 cuillères à soupe de noix de coco et le lait.

Versez dans un moule à cake beurré de 500 g et saupoudrez avec le reste de noix de coco. Faites cuire 1 à 1 h 15 dans un four préchauffé à 180°. Démoulez sur une grille et laissez refroidir.

**Pain de 500 g**

# Couronne suédoise

*250 g de farine*
*1/4 de cuillère à café de sel*
*15 g de levure de boulanger*
*6 cuillères à soupe de lait chaud*
*50 g de beurre*
*1 œuf*
*50 g de sucre en poudre*

GARNITURE :

*50 g de beurre*
*75 g de sucre*
*50 g de cerises confites coupées*
*50 g de raisins de Malaga*
*1 cuillère à café de cannelle*

DÉCORATION :

*125 g de sucre glace*
*1 cuillère à soupe de jus de citron*
*25 g de cerneaux de noix*
*25 g de cerises confites*
*15 g d'angélique confite*

Préparez la pâte de la même façon que dans la recette page 78 et laissez-la dans un endroit chaud jusqu'à ce qu'elle double de volume. Mettez-la sur une surface farinée et pétrissez 2 minutes. Étalez-la sur 25 × 46 cm. Étalez dessus le beurre ramolli, saupoudrez-le sucre, les fruits et la cannelle. Roulez le grand côté sur lui-même et faites-le bien adhérer. Posez sur une plaque à pâtisserie beurrée, le côté plié dessous, et donnez-lui la forme d'un cercle en collant les extrémité. Formez des tranches tous les 2 cm, en ne coupant que les deux tiers de la couronne et décalez chaque tranche.

Couvrez et laissez 30 minutes dans un endroit chaud ; elle doit doubler de volume. Faites cuire 30 minutes dans un four préchauffé à 200°. Posez sur une grille pour faire refroidir. Mélangez le sucre glace et le jus de citron et nappez-en le gâteau tant qu'il est chaud. Décorez avec les noix, les cerises et l'angélique.

**Pour une couronne**

# Pains aux raisins

*250 g de farine*
*1/4 de cuillère à café de sel*
*15 g de levure de boulanger*
*10 cl de lait chaud*
*50 g de beurre ou de margarine*
*1 œuf*
*50 g de sucre en poudre*
GARNITURE :
*50 g de beurre ou de margarine*
*50 g de sucre*
*125 g de raisins de Corinthe*
*1/2 cuillère à café de quatre-épices*
*3 cuillères à soupe de sucre en poudre*
*3 cuillères à soupe d'eau*

Préparez la pâte comme dans la recette page 78 et laissez-la doubler de volume. Mettez-la sur une surface farinée et pétrissez 2 minutes ; étalez-la sur 30 × 23 cm. Faites fondre le beurre et badigeonnez-en la pâte, puis saupoudrez-la de sucre, des fruits et de quatre-épices. Roulez-la sur elle-même, puis coupez-la en neuf morceaux que vous poserez sur le fond beurré d'un moule carré de 18 cm de côté. Couvrez et laissez 20 minutes dans un endroit chaud ; ils doivent doubler de volume. Faites cuire 20 à 25 minutes dans un four préchauffé à 200° ; ils doivent être dorés.

Pendant ce temps, faites dissoudre le sucre dans l'eau, puis portez à ébullition 2 minutes. Badigeonnez-en les pains dès que vous les sortez du four. Posez-les sur une grille pour les faire refroidir.

**Pour 9 pains**

## Bûche au chocolat

ROULÉ :
*3 gros œufs*
*125 g de sucre en poudre*
*50 g de farine*
*25 g de cacao en poudre*
*1 cuillère à soupe d'eau chaude*
GLAÇAGE AU CHOCOLAT :
*75 g de beurre*
*3 cuillères à soupe de lait*
*2 cuillères à soupe de cacao en poudre*
*300 g de sucre glace*
POUR TERMINER :
*Sucre glace*

Préparez le roulé comme dans la recette page 13, en tamisant le cacao dans la farine. Préparez le glaçage comme dans la recette page 18. Démoulez le roulé sur du papier paraffiné saupoudré de sucre et rectifiez les bords si nécessaire. Roulez-le avec le papier à l'intérieur et laissez-le refroidir. Déroulez-le, ôtez le papier, étalez un peu de glaçage encore chaud, puis roulez-le à nouveau. Laissez le reste de glaçage refroidir.

Coupez une tranche en diagonale et posez-la, le côté coupé, sur le côté du gâteau pour donner la forme d'une branche. Posez le tout sur le plat de service et recouvrez la bûche de glaçage ; à l'aide des dents d'une fourchette, tracez des lignes. Saupoudrez de sucre glace et décorez avec des cerises, de l'angélique, etc.

**Pour une bûche au chocolat**

# Bonhomme de neige

*175 g de beurre ou de margarine*
*175 g de sucre en poudre*
*3 œufs*
*250 g de farine*
*1 paquet de levure*
*2 cuillères à soupe d'eau chaude*
GLAÇAGE :
*175 g de sucre en poudre*
*1 blanc d'œuf*
*2 cuillères à soupe d'eau chaude*
*Bonbons*

Préparez la pâte à gâteau comme dans la recette page 8. Beurrez et farinez un moule demi-sphérique en inox de 30 cl et un moule de 90 cl et répartissez la pâte dedans. Faites cuire 1 à 1 h 15 pour le petit et 1 h 30 à 1 h 45 pour le grand dans un moule préchauffé à 160°. Démoulez sur une grille et laissez refroidir.

Mettez les ingrédients du glaçage dans une jatte au bain-marie et fouettez-les environ 5 minutes pour que le mélange soit épais. Donnez aux deux gâteaux la forme de deux boules uniformes et recouvrez-les de glaçage. Posez le plus grand sur le plat de service et fixez dessus le plus petit.

Utilisez des bonbons pour figurer les yeux, le nez, etc.

**Pour un bonhomme de neige**

# Pièce montée

PÂTE :
*25 g de beurre*
*10 cl d'eau*
*35 g de farine*
*1 pincée de sel*
*2 gros œufs battus*
POUR GARNIR :
*60 cl de crème fraîche*
*2 cuillères à soupe de sucre glace*
*50 g de chocolat à croquer râpé grossièrement*
*1 cuillère à soupe de rhum*
CARAMEL :
*200 g de sucre en poudre*
*15 cl d'eau*

Préparez la pâte à choux comme indiqué dans la recette p. 57. Beurrez deux tôles à pâtisserie. Mettez la pâte dans une poche à douille munie d'une douille de 1 cm. Pressez 40 à 45 choux de la taille d'une noix sur les tôles. Faites-les cuire environ 25 minutes à four chaud (220°) ; ils doivent être fermes et légèrement dorés. Percez le fond des choux afin de permettre à la vapeur de s'échapper et laissez-les refroidir sur une grille.

Fouettez la crème jusqu'à ce qu'elle soit ferme, puis incorporez le sucre. Utilisez environ un tiers de la crème pour garnir les choux. Mélangez le chocolat et le rhum dans le reste de crème.

Disposez sur le plat de service une série de choux disposés en un cercle de 18 cm de diamètre. Étalez à la crème au chocolat sur ces choux et empilez les autres choux en pyramide.

Pour le caramel, mettez à dissoudre le sucre dans l'eau et portez à ébullition. Quand le caramel se colore, laissez-le refroidir jusqu'à ce qu'il commence à épaissir, puis nappez-en la pyramide. Laissez prendre.

**Pour une pièce montée**

# Tambour

*125 g de beurre ou de margarine*
*125 g de sucre en poudre*
*2 œufs*
*125 g de farine*
*1 paquet de levure*
*2 cuillères à soupe d'eau chaude*
CRÈME AU BEURRE :
*75 g de beurre*
*250 g de sucre glace*
*2 cuillères à soupe de lait*
*Colorant alimentaire rouge*
GLAÇAGE :
*250 g de sucre glace*
*2 cuillères à soupe d'eau*
*1 cuillère à café de cacao*
*Smarties*
*2 sucettes rondes*

Préparez le gâteau et faites-le cuire de la même façon que dans la recette page 8 ; préparez la crème au beurre comme dans la recette page 50, en remplaçant l'extrait de café par le colorant alimentaire. Étalez la crème au beurre entre les deux morceaux de gâteau, posez-le sur un plat et étalez le reste de crème au beurre sur le pourtour du gâteau.

Pour le glaçage, mélangez le sucre glace et l'eau jusqu'à ce qu'ils soient homogènes ; étalez-en les trois-quarts sur le gâteau et laissez prendre. Ajoutez le cacao au glaçage restant et mettez-le dans une poche à douille munie d'une douille de petit diamètre. Disposez 8 smarties près du bord supérieur du gâteau et 8 smarties près du bord inférieur, entre ceux qui sont placés en haut. Pressez les diagonales de glaçage pour relier les smarties du haut à celles du bas. Posez les deux sucettes sur le gâteau.

**Pour un tambour**

# Court de tennis

*250 g de beurre ou de margarine*
*250 g de sucre en poudre*
*4 œufs*
*250 g de farine*
*1 paquet de levure*
*2 cuillères à soupe d'eau chaude*
CRÈME :
*75 g de beurre*
*250 g de sucre glace*
*2 cuillères à soupe de lait*
*Colorant alimentaire vert*
GLAÇAGE :
*250 g de sucre*
*2 cuillères à soupe d'eau*
POUR DÉCORER :
*50 g de noix de coco en poudre*
*Gaufrettes*

Beurrez deux moules de 18 × 28 cm. Préparez la pâte et faites cuire comme dans la recette page 8. Préparez la crème comme dans le recette page 50 en remplaçant le café par le colorant vert. Étalez une partie de la crème entre les deux gâteaux et posez le gâteau ainsi formé sur un plat. Étalez le reste de crème sur le pourtour du gâteau. Colorez la noix de coco en vert et faites-la adhérer sur la crème.

Préparez le glaçage, mettez-en un peu de côté, colorez le reste en vert et couvrez-en le dessus du gâteau. Laissez prendre. Mettez le glaçage blanc dans une poche à douille munie d'une douille de très petit diamètre et tracez sur le gâteau des lignes représentant un court de tennis. Coupez les gaufrettes en morceaux de 2,5 cm et disposez-les au centre du gâteau pour figurer le filet. Vous pouvez poser sur le gâteau des figurines représentant des joueurs de tennis.

**Pour un court de tennis**

# Hérisson

*1 cuillère à soupe de cacao*
*2 cuillères à soupe d'eau chaude*
*125 g de margarine*
*125 g de sucre en poudre*
*2 œufs*
*125 g de farine*
*1 paquet de levure*
CRÈME :
*2 cuillères à soupe de cacao*
*3 cuillères à soupe d'eau chaude*
*75 g de beurre*
*250 g de sucre glace*
POUR DÉCORER :
*50 g d'amandes en lanières*
*3 smarties*

Préparez et faites cuire le gâteau comme dans la recette de la page 89, en utilisant un moule rond de 20 cm. Préparez la crème comme dans la recette page 18.

Coupez le gâteau en deux pour obtenir deux demi-cercles. Répartissez une partie de la crème entre les deux morceaux de gâteau. Pour former le nez, coupez deux tranches en diagonale pour affiner une extrémité du gâteau. Dressez le gâteau, la partie plate posée sur un plat et badigeonnez de crème.

A l'aide d'une fourchette, tracez des lignes sur le corps du hérisson et piquez à intervalles réguliers des amandes pour figurer les épines. Utilisez des smarties pour représenter le nez et les yeux.

**Pour un hérisson**

# Château-fort

*25 g de cacao*
*2 cuillères à soupe d'eau chaude*
*175 g de margarine*
*175 g de sucre en poudre*
*3 œufs*
*175 g de farine*
*1 paquet de levure*
CRÈME :
*2 cuillères à soupe de cacao*
*3 cuillères à soupe d'eau chaude*
*75 g de beurre*
*250 g de sucre glace*
POUR DÉCORER :
*Gaufrettes*
*Gaufrettes fines recouvertes de chocolat*

Beurrez un moule de 18 × 28 cm et disposez du papier paraffiné en le laissant dépasser de 2,5 cm du bord. Délayez le cacao dans l'eau, puis laissez refroidir légèrement. Travaillez la margarine et le beurre jusqu'à ce qu'ils soient crémeux, puis battez le cacao.

Battez-y les œufs un à un, en ajoutant une cuillère à soupe de farine après les deux derniers. Incorporez le reste de farine, versez dans le moule et faites cuire 25 à 30 minutes dans un four préchauffé à 190°. Démoulez sur une grille pour laisser refroidir. Préparez la crème comme page 18.

Découpez le long d'un côté du gâteau une bande de 3,5 cm puis coupez-la en quatre carrés. Coupez le reste du gâteau en deux et étalez sur un morceau de la crème et posez l'autre dessus. Couvrez le dessus et les bords de crème ; tracez sur les bords des lignes horizontales et verticales pour représenter les pierres. Recouvrez les carrés de gâteau avec le reste de crème et fixez-les aux quatre coins du gâteau.

Coupez les gaufrettes en petits morceaux ; pour représenter les fenêtres et la porte, faites-les adhérer. Coupez les gaufrettes au chocolat en petits carrés et disposez-les tout autour du gâteau ; décorez-le.

**Pour un château-fort**

# Moka

*150 g de beurre ou de margarine*
*150 g de sucre*
*3 gros œufs*
*150 g de farine*
*1 paquet de levure*
*1 cuillère à soupe d'extrait de café*
CRÈME AU BEURRE :
*2 jaunes d'œufs*
*125 g de sucre glace*
*125 g de beurre*
*1 cuillère à soupe d'extrait de café*
POUR DÉCORER :
*40 g de noix coupées fin*
*Sucre glace pour saupoudrer*

Beurrez deux moules de 20 cm de diamètre et disposez sur le fond du papier siliconé. Travaillez le beurre et le sucre jusqu'à ce que vous obteniez une crème claire et mousseuse. Battez les œufs un à un, en ajoutant après chacun d'eux une cuillère de farine. Ajoutez le reste de farine, la levure et l'extrait de café, puis répartissez le mélange entre les deux moules.

Lissez la surface et faites cuire 20 à 25 minutes à four moyen (190°) ; les gâteaux doivent être bien levés, dorés et fermes au toucher. Démoulez sur une grille, ôtez le papier et laissez refroidir.

Préparez la crème au beurre comme indiqué dans la recette page 47. Étalez-en sur l'un des gâteaux, et posez l'autre dessus.

Répartissez de la crème sur le pourtour du gâteau et faites adhérer les morceaux de noix. Saupoudrez le dessus de sucre glace et à l'aide d'une poche à douille, décorez avec le reste de crème au beurre.

**Moka de 20 cm de diamètre**

# Truffes au chocolat

*175 g de chocolat à croquer*
*1 jaune d'œuf*
*25 g de beurre*
*1 cuillère à café d'extrait de café*
*1 cuillère à soupe de cacao*

Faites fondre le chocolat dans une jatte au bain-marie. Hors du feu ajoutez le jaune d'œuf, le beurre, l'extrait de café, et laissez au frais jusqu'à ce que le mélange prenne, 30 à 40 minutes.

Formez de petites boules allongées du bout des doigts et roulez-les dans le cacao pour les enrober complètement.

**Pour 20 truffes**

*Illustration p. 93*

# Simnel Cake

*200 g de farine*
*1 cuillère à café de cannelle*
*175 g de beurre ou de margarine*
*175 g de sucre roux*
*Zeste de 1 orange*
*4 œufs*
*175 g de raisins de Corinthe*
*175 g de raisins de Smyrne*
*175 g de raisins de Malaga*
*75 g de cerises confites coupées en quatre*
*50 g d'écorces confites coupées fin*
*500 g de pâte d'amandes*
*1 cuillère à soupe de confiture d'abricots chaude*

Préparez un moule de 19 cm de diamètre comme indiqué dans la recette page 17.

Préparez l'appareil pour le gâteau comme indiqué dans la recette du Dundee cake page 16 ; abaissez un quart de la pâte d'amandes en un disque de 19 cm de diamètre.

Versez la moitié de l'appareil pour le gâteau dans le moule, posez le disque de pâte d'amandes et tassez légèrement. Versez le reste de l'appareil et lissez la surface. Faites cuire dans un four préchauffé à 160° pendant une heure ; ramenez la température à 150° et laissez cuire encore 2 h 15 environ. La lame d'un couteau piquée au centre du gâteau doit ressortir sèche. Laissez 5 minutes encore dans le moule, démoulez et laissez refroidir sur une grille.

Abaissez le tiers de la pâte d'amandes restante en un disque qui recouvrira le gâteau. Étalez la confiture sur le gâteau et pressez ce disque dessus. Formez avec le reste de pâte des petites boules que vous disposerez sur le pourtour de ce disque. Passez sous un gril très chaud. Attachez un ruban autour du gâteau et décorez selon votre goût, avec un glaçage blanc, des œufs en sucre, etc.

**Gâteau de 19 cm de diamètre**

# INDEX